AF331453

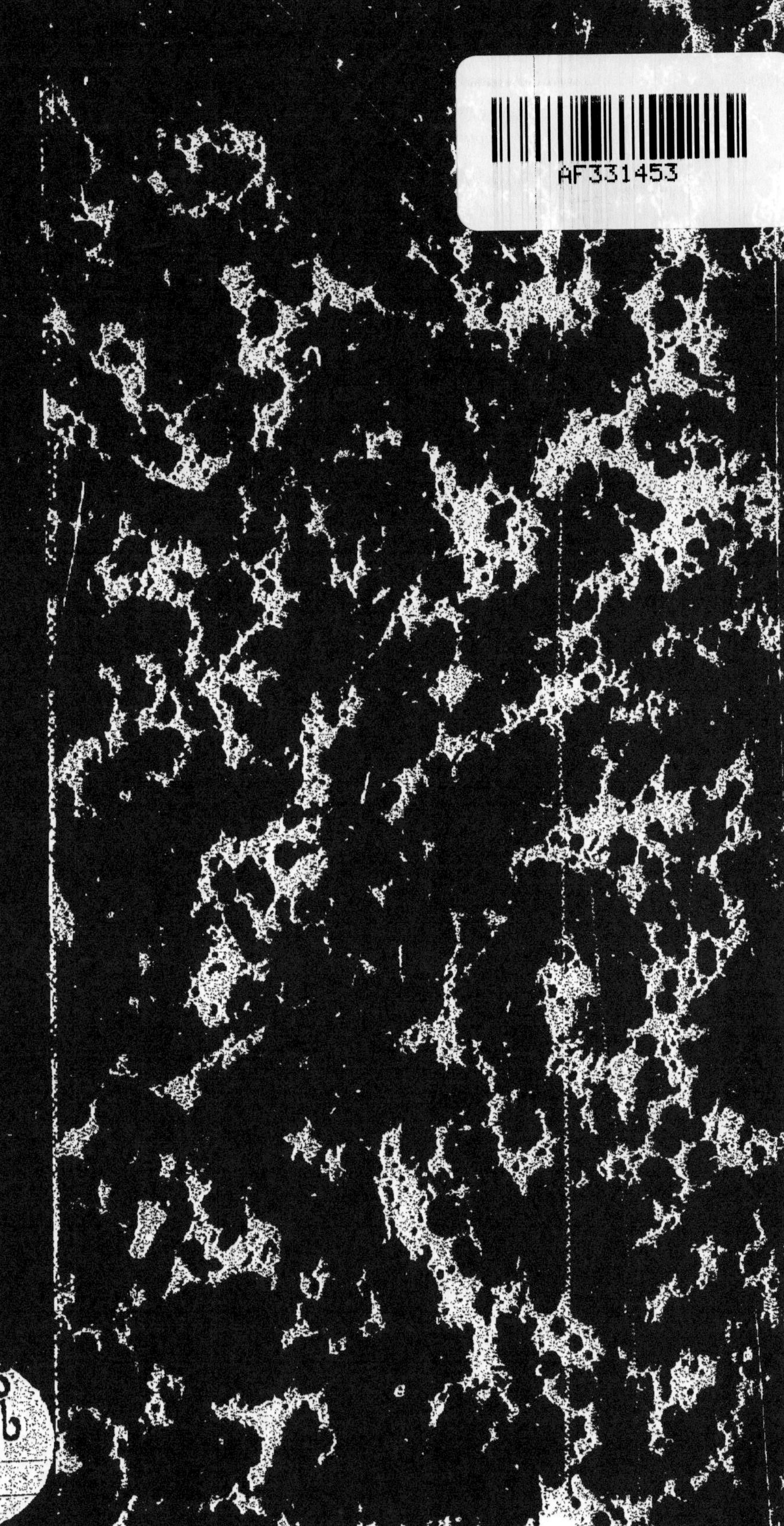

Lib 45 ~~494~~
530

DISSERTATION

SUR

LA FÉODALITÉ

ET

LES RENTES FONCIÈRES.

PAR S. L. JO**ANNET,

Avocat à Orléans, Député au Conseil des Cinq-Cents,
du 1er prairial au 18 fructidor an V.

DEUXIÈME ÉDITION,

Augmentée de nouvelles preuves de la non-suppression des rentes
créées avec cens ou droit seigneurial, par la discussion approfondie des Avis du Conseil-d'État, des Décrets impériaux et
des Arrêts.

PARIS,

LE NORMANT, IMPRIMEUR-LIBRAIRE,

RUE DE SEINE, N°. 8, PRÈS DU PONT DES ARTS.

1814.

AVERTISSEMENT.

——

Je fis cet écrit peu après certain avis
du Conseil-d'État, du 30 pluviose
an XI, sur les rentes créées à côté
d'un droit seigneurial.

Je combattis cet avis d'abord par une
réfutation adressée au chef, et placée
à la suite d'une consultation assez
répandue par les créanciers, et qui,
je crois, aida un peu la jurisprudence
que plusieurs cours et tribunaux in-
troduisoient en leur faveur; jurisprudence que brisoit ce monstrueux avis.
Ma réfutation fut renvoyée au Conseil,
qui en consacra quelques bases pour
les pays réunis, et notamment pour la
Hollande, par un décret du 9 décembre
1811, en laissant l'ancienne France

sous le poids destructeur de sa déci-
sion.

Je pensai alors qu'il falloit plus qu'une consultation pour faire dispa-roître une si grande injustice ; et, pour ne pas présenter un travail sec sur une matière aussi aride que les rentes foncières, je le fis précéder d'un coup-d'œil historique sur la féodalité même, pour conduire, par sa lecture, à celle des vérités que l'on s'obstinoit à mé-connoître.

L'impression sembloit libre, jus-qu'au réglement sur la librairie : mais on me fit observer qu'elle ne seroit pas sans risque, à cause de certaines vérités que présentoit l'ouvrage, et parce que bien des gens se souvien-droient que je fus signalé comme l'un des plus zélés royalistes, lors de la proscription de fructidor, pros-cription sans laquelle, je me plais à le croire, Louis XVIII eût été rap-pelé bien plus vite au trône, et l'Europe n'eût pas été traversée par ce fleuve de sang, dont le cours vient d'être arrêté par ses magnanimes souverains plus admirables encore par leur humanité que par leur valeur.

Après le réglement, je fis sonder la librairie, et je sus que des vérités fortes et l'absence de tout éloge feroient refuser la permission d'imprimer. Je ne pouvois retrancher des vérités à consacrer, et je ne voulois donner aucune louange à l'homme qui dominoit. Jamais d'aucune de mes démarches, d'aucun fait, d'aucune de mes paroles, on ne put induire l'éloge de l'oppresseur de ma patrie.

Aujourd'hui, que le règne de la justice et de la saine liberté recommence avec le règne des Bourbons, je crois devoir rendre public un recueil de vérités qui peut être utile à mon Roi pour faire justice, et à mon pays pour la recevoir: je l'offre à l'impression tel que je fis alors, dans l'espoir de faire respecter des rentes foncières, précieuses pour tous les créanciers, unique ressource peut-être pour beaucoup d'anciens seigneurs et émigrés dépouillés de leurs autres biens.

Orléans, 20 avril 1814.

DISSERTATION

SUR

LA FÉODALITÉ

ET

LES RENTES FONCIÈRES.

LE régime féodal ne fut pas créé, il s'introduisit insensiblement sous des Rois foibles de la première et de la deuxième race.

Par l'invasion des Germains, les biens devinrent le domaine des vainqueurs ; et, après quelques siècles de confusion et de ténèbres, le besoin de gouverner partout, détermina les Rois de la première race à envoyer les principaux de leur cour régir des provinces et des villes, les uns sous le titre de duc, les autres sous le titre de comte.

Ces seigneurs ne furent que des délégués à temps ou à vie ; mais plusieurs se maintinrent ; leur postérité se conserva plus ou moins ; et cette possession, toute précaire qu'elle étoit, distingua mieux les contrées que les diplômes, ou lettres des Rois. Alors on connut les grands fiscs ou domaines de l'Etat, formant des contrées dont les gouvernans finirent par s'attribuer la propriété sous les Rois fainéans, et les transformèrent en grands fiefs, qu'ils tinrent sous l'hommage du Roi, dont ils furent les grands vassaux et les pairs.

Cet ordre fit que tous les biens communs devinrent propriété fixe, et se divisèrent à l'infini par les concessions des grands vassaux aux seigneurs de leurs cours, et par ceux-ci à d'autres qui concédèrent encore.

Les concessions à l'infini produisirent, sous mille noms différens, ces charges et redevances que, de nos jours, on appeloit droits féodaux, et que l'on qualifioit très-improprement *régime féodal.* Si l'on eût consulté l'histoire, on y auroit vu les efforts continuels des Rois de la troisième race contre ce régime, et son extinction totale depuis plus de trois siècles.

On a signalé notre histoire comme étant, sur ce point, enveloppée de nuages difficiles à dissiper; et M. de Montesquieu lui-même, en saisissant les sources de la féodalité, ne s'est pas cru assez fort pour assurer qu'il les montroit lorsqu'il les mettoit en évidence. Ce grand homme sera notre guide, avec le président Hénault, dans son Histoire de France, et le savant auteur de la *Description historique et géographique de la France.* Les jurisconsultes fournissent aussi des lumières, mais ils ont plus parlé

des droits féodaux pour en définir les effets, que
pour en établir l'origine.

Pour nous expliquer avec clarté sur ce que
l'on semble avoir méconnu pendant bien des
années, nous fixerons des époques, et nous atta-
cherons à chacune ce qui lui a réellement appar-
tenu : nous examinerons ensuite les lois suppressives.

PREMIÈRE ÉPOQUE.

INVASION DES GAULES PAR LES GERMAINS.

La propriété a été reconnue chez tous les
peuples anciens : elle fut admise par les Gaulois,
avec les différences qui ont eu lieu partout; il y
avoit de grands et de petits propriétaires, des
nobles, des hommes libres et des serfs.

Lorsque les Romains conquirent les Gaules,
ils en changèrent le gouvernement; mais ils ne
dépouillèrent pas les propriétaires: les vainqueurs
se confondirent avec les vaincus.

Les Germains, cependant, ne connoissoient
pas de propriété particulière; nul n'avoit un
champ fixe; ils vivoient dans une sorte de communauté générale, et, tous les ans, les magistrats et les anciens assignoient aux communautés

ou familles les contrées qu'elles devoient occuper. Cet usage convenoit à un peuple pasteur et belliqueux, qui trouvoit à vivre partout, et ne devoit s'attacher nulle part, pour être toujours prêt à se livrer aux exercices de la guerre.

Les plus signalés d'entre eux étoient, pour les entreprises, reconnus chefs ou princes; ceux qui les suivoient à la guerre n'étoient engagés que par leur parole : ils n'en recevoient autre chose que le cheval de combat, des repas, une part dans le butin. Tacite appelle ces volontaires *comes*, ou compagnons, et cette dénomination est la même que celle d'hommes sous la foi du Roi, employée dans la loi Salique. Les formules de Marculfe désignent ces hommes sous le titre d'anstrustion du Roi; nos premiers historiens par celui de leudes ou fidèles; et les suivans, sous celui de vassaux et seigneurs.

Des peuples sortirent de la Germanie, et conquirent les Gaules et l'Italie : ce furent les Visigoths, les Bourguignons et les Francs. Ces derniers occupèrent la partie qu'ils nommèrent la France. Dans ces temps de barbarie, les Germains n'avoient pas de droit des gens proprement dit; aussi le droit de conquête leur donna le sol et les habitans. Les Francs prirent ce qui leur convint, et laissèrent le reste; les Visigoths et les Bourguignons prirent, en certaines contrées, les deux tiers des terres, la moitié des bois, le tiers des serfs.

La propriété ne fut pas tout-à-fait méconnue,

pour être prise en majeure partie, et peut-être la conquête n'augmenta pas le nombre des serfs, parce que les vaincus furent reçus à composition, et conservèrent leurs droits politiques.

Les Germains, ne connoissant point d'impôts, affranchirent les Gaules de tous ceux qu'elles payoient.

La monarchie s'établit en France par la nécessité, qui plie toutes les grandes nations sous l'autorité d'un chef, et le premier qui fut vraiment monarque est Clovis.

DEUXIÈME ÉPOQUE.

PREMIÈRE DYNASTIE DES ROIS DE FRANCE.

———

La conquête avoit dépouillé beaucoup de propriétaires; mais les conquérans devinrent-ils propriétaires particuliers?

Sous la première race, et même sous la seconde, le royaume se divisoit entre les enfans des Rois. Ces partages firent naître des guerres civiles, à l'occasion desquelles s'établit l'usage barbare de prendre les hommes et les biens des pays que l'on soumettoit. Ainsi, la servitude couvrit successivement à peu près toute la France. Les évêques et les religieux rendirent un grand service à l'humanité, en rachetant beaucoup de captifs avec l'argenterie et les richesses de l'Eglise.

Les propriétés changèrent encore en passant aux vainqueurs; les lois civiles n'avoient point d'empire; le droit des gens étoit inconnu; la politique, ou plutôt l'arbitraire, disposa de tout.

Lorsque des pays furent dépeuplés par l'enlèvement des habitans, des seigneurs, ou hommes puissans qui avoient beaucoup de serfs, se firent céder des terres, y bâtirent des villages, où ils établirent leurs serfs : de là naquit la mainmorte.

Les Gaules restèrent affranchies d'impôts; mais les hommes libres, Gaulois, Romains et Francs, étoient assujétis au service militaire, et fournissoient aux Rois et à leurs envoyés, des chevaux et des voitures. Les revenus des Rois n'étoient que le produit de leurs domaines, et, dans l'insuffisance, ils vivoient, en voyageant, dans les maisons ecclésiastiques. Il y avoit bien une sorte de tribut, nommé *census*, mais il ne se levoit que sur les serfs et sur les affranchis du Roi, qui n'acquéroient pas une pleine liberté. C'étoit *census in capite*, il étoit sur les hommes, et point sur les biens.

Les conquérans durent conserver leurs usages, avoir des jouissances, et pas de propriété distincte : tout ce qu'ils prenoient devoit donc rester dans la masse de la communauté générale. Mais comme ils se mêlèrent avec les vaincus qui avoient eu parmi eux des hommes puissans et de grands propriétaires, ils prirent quelque chose de leurs idées et de leurs usages. La vie pastorale dut les fatiguer et leur faire chercher une organisation quelconque : et de là vint l'établissement des compagnons du chef dans des contrées qu'ils gouvernoient, avec le titre de duc et de comte.

Les ducs avoient de grandes contrées ou provinces ; les comtes en avoient de moindres, et souvent une seule ville : la plupart étoient soumis aux ducs. On appeloit ces duchés et comtés des *fiscs*, comme de nos jours on emploie encore le terme fisc pour désigner le domaine de l'Etat.

Ils furent d'abord donnés à temps, puis à vie : l'investiture s'en faisoit par la simple tradition d'un sceptre de la main du Roi, sans chartres écrites, si ce n'est à l'égard des églises qui y participèrent aussi, et pour lesquelles on rédigeoit des chartres. Cela se passoit ordinairement dans les assemblées de la nation, composées des évêques et des grands.

Les compagnons, hommes sous la foi du Roi, antrustions, leudes ou fidèles, vassaux ou seigneurs, qui recevoient ces fiscs, étoient, sans doute, des personnages distingués ; mais ils n'avoient aucun titre de noblesse, si ce n'est la prééminence attachée à leur rang, et l'autorité dérivant de leur puissance. On ne connut pas la noblesse en France avant le règne de Philippe-le-Hardi, qui, en 1270, donna les premières lettres d'anoblissement à Raoul l'orfévre.

Ceux qui tenoient ainsi les domaines de l'Etat devoient le servir, car ils n'étoient que des gouverneurs et officiers placés par le Roi pour exercer sa puissance : de là vint le service militaire. Sans doute il y eut aussi des charges imposées, car les Rois qui ne levoient pas d'impôts devoient tirer quelque chose des provinces pour les besoins de l'Etat ; peut-être même ces gouverneurs étoient-ils comptables. Ces concessions avoient le double avantage, d'encourager et récompenser les grands qui avoient bien servi le Roi, et de procurer au Roi un tribut qui, quoique moins fort que le produit réel, lui donnoit encore au-delà de ce qu'il auroit pu recevoir net et quitte des frais de gestion, et surtout des dilapidations inévitables dans des provinces éloignées.

Les grands l'étoient trop pour l'être sans partage : ils firent aussi des comtes, marquis et barons, qui furent sous eux comme ils étoient sous le Roi, et ceux-ci divisèrent encore leur puissance entre leurs compagnons ou seigneurs de leurs cours.

Ces divisions et sous-divisions, en plaçant les biens dans un si grand nombre de mains, amenoient naturellement une organisation nécessaire dans tous les Etats, en assurant la propriété avec des charges graduées, dont la principale étoit le service militaire.

Il y avoit trois sortes de milices : celle des leudes, ou fidèles du Roi, qui avoient aussi les *leurs*; celle des ecclésiastiques et de leurs fidèles; celle des comtes qui menoient les hommes libres à la guerre.

La puissance militaire emportoit la juridiction civile; ainsi tous ceux qui en jouissoient exerçoient aussi la justice, et avoient les droits du fisc. Les droits de justice, ou celui de la rendre, consistoient dans le *fredum*, qui étoit le prix de la protection accordée par le seigneur contre le droit de vengeance d'un délit puni ou jugé. Les *freda* n'étoient point un impôt, ni un droit féodal, mais une sorte d'amende due par les coupables. La justice fut toujours inhérente aux fiscs ou gouvernemens; et quand ils devinrent patrimoniaux ou héréditaires sous le nom de fiefs, la justice fut patrimoniale aussi, et le droit que chaque seigneur ou gouverneur avoit de la rendre à peu près à sa manière, amena la diversité des coutumes.

Les divisions ou partage et territoire étoient commandés par la nécessité et l'intérêt général; d'un côté, le chef ne pouvoit gérer tant de provinces qui lui étoient soumises; et de l'autre, il falloit distribuer des biens à tous les sujets, grands et petits, sans quoi ils fussent toujours restés sans propriété et sans liberté, et les biens étant mal ou point cultivés, on eût manqué de toutes les choses nécessaires à la vie; ce qui étoit à tous devoit à la fin se diviser pour s'attribuer à chacun, c'est le sort de toutes les choses communes, et cet ordre naturel fut suivi par le chef, avec le concours des grands qui représentoient la nation; on ne peut en révoquer la légitimité, mais tout étoit précaire; les concessions se faisoient à temps ou à vie, et les Rois pouvoient tout reprendre s'ils en avoient eu la volonté et la force.

Les premiers souverains sont toujours forts, et ce n'est pas sous leurs règnes que les grands peuvent abuser des bienfaits qu'ils en ont reçus; mais, après eux, des successeurs foibles arrivent au trône, le souvenir des bienfaits s'affoiblit et s'efface, et c'est ce qui se vérifia dès la première race, quoique dans des temps assez voisins des concessions : ceux qui les avoient reçus, ou leurs descendans, s'y maintinrent contre l'autorité royale, et la conservation fut presque mise en principe. Si les peuples avoient été principalement considérés dans cette conservation des biens conquis par leurs sueurs et avec leur sang, rien de plus juste; mais l'intérêt et l'ambition des grands furent le premier mobile; et si les peuples conservèrent aussi, ce ne fut que par la nécessité de les maintenir.

La violation de ce principe, naissant sous les régences de Frédégonde et de Brunehaut, amena la révolution qui fit périr la dernière, et affoiblit l'autorité royale par la grande puissance qu'il fallut accorder aux maires du palais, qui, de maires du Roi, devinrent maires du royaume dès le temps de Clotaire II.

Les grands, dépouillés ou prêts à l'être, firent cette révolution, et parvinrent à s'attribuer la nomination des maires du palais, qui furent dispensateurs des biens et des honneurs, et eurent le commandement des armées. Les grands pensèrent avec raison que le plus grand officier nommé par eux les conserveroit dans leurs domaines et leurs dignités; cette révolution consolida les grands dans leur possession précaire, quoique les concessions eussent l'air de se renouveler; et ils finirent par garder les grands fiscs sans formalités nouvelles, et, dès le commencement du septième siècle, beaucoup de fiefs étoient déjà héréditaires.

Les compagnons du Roi, antrustions, leudes ou vassaux, avoient la prééminence attachée à leur état : elle s'augmentoit par la concession d'un fisc ou gouvernement; et quand ces fiscs devinrent héréditaires, il sembla que le fief fît le vassal. Les hommes libres, qui possédoient des alleux, cherchèrent à se procurer les priviléges des vassaux; et pour cela, ils donnoient leurs biens au Roi qui les leur rendoit en fief pour eux et leurs héritiers. Alors beaucoup de biens qui avoient été conservés après la conquête, et qui n'avoient pas été compris dans les fiscs, devinrent fiefs. C'est ce qui a sans doute beaucoup contribué à diminuer l'allodialité, et à rendre tous les fiefs héréditaires, parce que les grands se modelèrent sur les petits.

Une nouvelle cause vint encore augmenter le nombre des fiefs.

Les églises avoient reçu beaucoup de bien du fisc, et peut-être plus encore des seigneurs et des particuliers; le duc Pepin, devenu tout-puissant, comme maire du palais, les leur conserva par politique, mais son fils Charles Martel les en dépouilla; et, les anciens fiscs n'étant plus disponibles, il en forma de nouveaux, en prenant les biens des églises pour lui et ses capitaines.

Ce passage des fiscs aux églises, et des églises aux militaires, fit que ces biens prirent réciproquement quelque chose de la nature de l'un et de l'autre, et de là vinrent les droits honorifiques dans les églises que l'on vit naître alors.

La première race de nos Rois cessa de régner sous les maires Pepin et Charles Martel; mais la dynastie finit sous Pepin, fils du dernier, et la couronne fut unie au plus grand office qui étoit électif: alors il fut disposé que la couronne resteroit élective, mais dans la même famille. Cela se passoit en l'an 768.

TROISIÈME ÉPOQUE.

DEUXIÈME DYNASTIE.

LES biens des églises ne leur furent pas rendus : mais le Roi Pepin et Charlemagne établirent la dîme universelle attribuée par quart aux fabriques, aux pauvres, aux évêques et aux clercs. Ce n'étoit qu'une indemnité commandée par la nécessité pour rendre à l'Eglise l'état permanent qu'elle avoit perdu. Charlemagne donna de grands fiefs aux évêchés qu'il établit en Allemagne du côté des Saxons, pour les mettre en état de contenir ces peuples. On ne voit pas qu'il revêtit les principaux ecclésiastiques d'Allemagne de la puissance souveraine ; et l'auteur de la suite du Discours sur l'Histoire universelle dit que ce fut en l'an 1122 qu'ils s'attribuèrent les revenus publics et les droits royaux à la faveur du schisme de ce temps.

Une nouveauté, favorable aux hommes libres, vint encore augmenter le nombre des fiefs déjà recherchés à cause de leurs priviléges : ils obtinrent de pouvoir se recommander, pour les fiscs qui, dans les premiers siècles, ne s'accordoient qu'aux leudes. La preuve s'en trouve dans les partages faits par Charlemagne et par son fils Louis-le-Débonnaire. En outre il fut permis par le traité fait entre les enfans de Louis-le-Débonnaire, après la bataille de Fontenay, en 847, de choisir pour son seigneur qui on voudroit, en soumettant son alleu, soit au Roi, soit à tout autre seigneur. Cette nouveauté atteste la foiblesse des Rois fainéans, qui, ne pouvant protéger leurs sujets, les laissèrent invoquer la protection de leurs grands ou arrières-vassaux. Ceux qui devinrent ainsi vassaux et arrières-vassaux, le furent, non par concession de fonds, mais par l'effet de leur volonté, à cause des avantages qu'ils y trouvoient, et ce fut ce qui constitua les fiefs de reprise.

Il est à remarquer qu'en multipliant les fiefs, on en diminua la principale charge, qui étoit le service militaire; après cette fatale journée de Fontenay, où cent mille Français périrent, les possesseurs de fiefs furent dispensés de suivre les princes à la guerre, lorsqu'il ne s'agissoit pas de défendre l'Etat contre une invasion étrangère.

Ce mélange des fiscs et des alleux, convertis en fiefs, étoit très-favorable à l'hérédité des grands fiscs et des dignités déférées à temps et à vie. Charles-le-Chauve la reconnut à peu près dans un capitulaire de l'an 877; et sous le dernier Roi de la seconde race, elle n'étoit plus mise en question. Comment, en effet, auroit-on pu enlever aux leudes leurs fiscs et leurs dignités, quand on auroit laissé des fiefs aux hommes libres qui n'avoient obtenu la dignité de vassal qu'en soumettant leurs alleux au Roi ou à ses leudes? La même chose devoit s'établir pour les baronnies et autres seigneuries. C'étoit une conséquence nécessaire, parce que les grands vassaux, en se maintenant, ne pouvoient révoquer personne.

Ce fut là ce qui affoiblit et recula réellement la puissance royale, qui, au lieu de frapper sur tous les hommes et les fiscs qui restoient sous l'autorité royale, à cause de leur révocabilité, ou du terme de la jouissance, ne pouvoit plus s'adresser qu'aux ducs et comtes, qui, avec leurs vassaux et leurs grands-officiers, devinrent des souverains immédiats plus puissans que les Rois même dont ils n'étoient plus que les vassaux indépendans, ou à peu près.

C'est vers ce temps que l'histoire des grands fiefs nous présente les ducs et les comtes, avec leurs descendans, comme en succession réglée. La loi civile n'y avoit aucune part; ce qui n'étoit pas propriété ordinaire, ne pouvoit être régi que par la politique ou l'arbitraire.

L'hérédité des grands fiscs et dignités maintint et fit naître beaucoup de souverains intermédiaires, sous les titres de marquis, vicomte et baron, qui, eux-mêmes, se créèrent d'autres seigneurs, lesquels s'en firent à leur tour; et chacun de ces grands et arrières-vassaux étoit souverain, autant qu'il avoit la force et les moyens de l'être : ce qui mit une épouvantable

anarchie dans le royaume, et constitua le véritable *régime* ou *gouvernement féodal.*

Tous ces souverains reconnoissoient le Roi
pour chef, et les ducs et comtes lui portoient la
foi, et la recevoient de leurs marquis, vicomtes
et barons, et ceux-ci, de leurs seigneurs ; mais
l'autorité royale ne s'adressoit pas à tous directement, comme dans les premiers temps où les
ducs et comtes, n'étant que ses officiers, trans-
mettoient ses ordres. Elle se trouva fixée, comme
par échelons, et s'arrêtoit aux ducs et comtes,
qui la faisoient descendre, comme d'eux-mêmes,
à leurs vicomtes et barons ; et souvent, la reje-
toient et faisoient la guerre à leur Roi.

L'État, se trouvant ainsi organisé, n'offroit plus
un gouvernement monarchique proprement dit,
puisque le Roi ne pouvoit plus agir que par ses
grands vassaux ; et qu'il devint lui-même soumis
à cet ordre, une fois établi, qui constitua le
régime féodal, ou le gouvernement de la France.

L'autorité royale perdit beaucoup à ce régime ;
et s'il est vrai que la nécessité y plia nos Rois,
il est évident qu'ils n'eurent point d'intérêt à le
créer : aussi, n'ont-ils fait que le laisser s'intro-
duire et s'y soumettre, parce qu'ils n'avoient ni
les talens ni les moyens de l'empêcher. S'il fut
nuisible à l'autorité royale, il fut favorable aux
peuples, malgré l'anarchie qu'il présentoit. Nous
le démontrerons.

Cet ordre existoit par le fait, et sans droit certain ; mais un grand événement vint le sanction-

ner : ce fut l'avènement de Hugues Capet au trône. Il se consolida, quant à la propriété des grands fiscs ; mais il s'affoiblit, quant au régime, par la grande puissance que ce prince unit à la couronne ; et ses successeurs, plus forts et plus habiles que les Rois des deux premières races, le détruisirent totalement.

Ainsi le gouvernement féodal, né de l'insouciance et de la foiblesse des Rois, absorba l'autorité royale.

Nous verrons bientôt la royauté absorber le régime féodal.

QUATRIÈME ÉPOQUE.

TROISIÈME DYNASTIE.

Les descendans de Robert-le-Fort, duc et marquis de France, comte de Paris et d'Orléans, dès l'an 861, furent les plus puissans de tous les grands vassaux ; et Hugues Capet réunit définitivement la couronne à ses fiefs, en l'an 987. Les ravages des Normands furent la principale cause de cet événement ; ils pénétroient en France par l'embouchure de la Seine et de la Loire. Hugues Capet, qui avoit Paris et Orléans, pouvoit seul les contenir par ces deux places ; et cette situation lui valut la souveraineté d'un royaume qu'il pouvoit seul défendre. Arrivant au trône, par ses grands fiefs, il consolidoit ses pairs dans les leurs; mais, par sa grande puissance, il avoit moyen de les contenir et de les faire obéir.

La seconde dynastie n'avoit presque plus de domaines; elle se trouvoit à peu près réduite aux villes de Reim, et de Laon ; et quoique Hugues Capet réunit la couronne à la France et à l'Orléanais, on ne crut pas devoir en souffrir la division, de crainte de remettre l'Etat dans l'affoiblissement d'où il sortoit ; et alors, il s'introduisit que les cadets ne partageroient plus le royaume avec l'aîné, et qu'ils auroient seulement des apanages.

La loi Salique ne fut pas consultée pour cela, elle existe ; mais elle ne dit pas ce que beaucoup de gens lui font dire.

Les Francs étoient distingués en Saliens, qui habitoient dans l'intérieur ; et en Ripuaires, qui occupoient le littoral. On appeloit loi Salique la législation des Saliens. Cette législation donnoit la maison et l'enclos aux garçons, à l'exclusion des filles ; mais les filles succédoient à défaut des mâles. Elle donnoit aux garçons, mais sans prérogative d'aînesse ; témoins les partages du royaume, sous les deux premières races.

Ce ne fut qu'après la mort de Louis Hutin, lequel ne laissoit qu'une fille, qu'il fut décidé pour la première fois, avec délibération, que les filles étoient incapables de succéder à la couronne de France. Peut-être la couronne fut-elle considérée comme fief masculin ; peut-être voulut-on empêcher que le trône fût occupé par des étrangers.

Ce qui fut réglé pour la couronne, ne fut pas même suivi pour la succession des grands vassaux ; car l'histoire des grands fiefs commence la dynastie de beaucoup de comtes à des époques postérieures, en nous apprenant que les femmes succédoient, et que des comtés tomboient en partage à des cadets, ou leur étoient donnés par le duc ou le comte de la province. Au surplus, chaque pays avoit sa coutume, et on distingua les fiefs en masculin et féminin. Anne de Bretagne succéda au duché de Bretagne ; et on pourroit citer beaucoup d'exemples semblables.

L'hérédité des grands fiscs ne put être légitimée que par sa nécessité, et la transmission aux peuples auxquels, sous ce point de vue, le régime féodal fut avantageux.

Les fiscs devenus grands fiefs étoient le fruit de la conquête, ou plutôt de l'invasion des barbares de la Germanie ; et dans la suite des siècles, tous les hommes se trouvant confondus, nul ne pouvoit déterminer son origine, ni réclamer sa propriété. La disposition qui se fit étoit dans le droit du Roi et du sénat de la nation, composé des évêques et des grands. La division étoit nécessaire, parce qu'une propriété commune et générale eût été nulle pour chacune en particulier. Sans la division, les neuf dixièmes des terres fussent restées incultes, et les neuf dixièmes des hommes fussent restés serfs (1).

On donna d'abord, à temps et à vie, et cela fut nécessaire même pour empêcher la conquête et l'envahissement, comme il arriva à la Neustrie par les Normands; mais le bien de l'Etat, l'intérêt des hommes et l'agriculture, exigeoient la perpétuité de l'hérédité pour opérer les sous-divisions, et l'association de tous à la propriété.

Une province pouvoit être bien gouvernée par le duc ou le comte, mais elle ne pouvoit être bien cultivée par ceux qui l'habitoient. La servitude dans laquelle gémissoit la plupart, s'opposoit à l'agriculture, les hommes ne pouvant s'y livrer sans intérêt. La jouissance précaire du duc ou du comte bornoit ses pensées à sa propre durée; il n'entreprenoit rien qui fût utile après lui. Ceux à qui il avoit concédé, perdant tout avec lui, alloient au jour le jour, et rien ne se faisoit

----

(1) La Pologne nous en offre encore aujourd'hui la preuve. Tous les paysans y sont serfs, parce que la glèbe appartient aux grands, et que les paysans ne la cultivent qu'en vertu de concessions faites sous des conditions qui les y attachent. Tant que la propriété ne passera pas aux paysans, ils resteront serfs de fait, et le fait est plus fort que le droit: un exemple récent le prouve.

Dans une partie considérable de la Pologne, l'affranchissement des serfs a été proclamé; mais aucun n'en profite, parce que la liberté est inutile, sans liens et sans moyens d'existence. Où iroient-ils, ces paysans? Ils ne trouveroient ni travail ni propriété: il faut qu'ils restent où ils sont nés, et où ils trouvent à vivre. Ils sont libres de droit, mais ils sont esclaves de fait; et ils resteront dans cet état jusqu'à ce que les grands propriétaires concèdent, comme il se fit en France.

pour l'avenir. Il falloit donc que le chef d'une province en fût aussi le propriétaire incommutable pour transmettre une propriété certaine à ses vicomtes et barons ; ceux-ci à des seigneurs inférieurs, et ceux-là à la dernière classe du peuple, composée de colons intéressans qui étoient le nerf de l'État, puisqu'ils fournissoient le grain et les denrées nécessaires à tous.

Ainsi, par la nature des choses et l'intérêt général, ce qui n'avoit été donné qu'à temps ou à vie devoit rester à toujours, pour assurer à chacun son champ, et procurer l'affranchissement des serfs qui ne pouvoient rester esclaves en devenant propriétaires.

Lorsque la propriété et la liberté furent ainsi établies, le régime féodal se trouva dans toute sa force ; l'autorité royale reçut des limites, les Rois furent contraints de reconnoître la propriété des grands qui avoient opéré la démarcation, et ceux-ci furent contraints de maintenir toutes les concessions qu'ils avoient faites.

Cette appellation *régime féodal*, ne dut pas venir de la conversion des fisces révocables en fiefs héréditaires, mais bien de la participation des grands vassaux au gouvernement, parce qu'il est vrai de dire que, le Roi ne pouvant plus agir que par eux et avec leur secours, il se forma un nouveau régime qui prit son nom de sa nature et de ses élémens.

Il fut très-contraire à l'autorité royale, mais très-avantageux aux peuples ; et déjà la preuve

s'en trouve dans les sermons que faisoient les
Rois aux habitans des provinces qu'ils réunis-
soient à la couronne, de maintenir les Etats et
priviléges qu'ils tenoient du régime féodal. Et
dans les siècles reculés, dans ces temps d'igno-
rance où la science d'un bon gouvernement
n'étoit point arrivée, comment un Roi de France,
même avec d'honnêtes ministres, auroit-il gouverné un empire aussi étendu? Cet empire,
formé de provinces envahies plutôt que con-
quises, remplies d'hommes de mœurs et d'usages
divers, toujours disposés à secouer le joug, ne
pouvoit être gouverné que par des hommes
puissans établis dans chaque contrée; et l'organisation en étoit tellement difficile, que, sans un
intérêt personnel et héréditaire, ces hommes ne
l'auroient pas entreprise; et ce fut alors que,
voyant par eux-mêmes les hommes et les choses
de leurs petits Etats, ils parvinrent à tout régler,
bien ou mal; mais une mauvaise organisation est
encore préférable au désordre.

Chaque province formoit un Etat avec de
grands établissemens, de grandes dignités, et
toutes les places qui en sont la suite; des usages
régloient les mœurs et les intérêts, et des lois
vinrent les fixer : chacun, grand ou petit, trouvoit à se placer dans sa province. Les familles se
formoient et se constituoient; le souverain devoit
ménager ses sujets et s'en faire aimer, pour
s'aider de leur secours au besoin, soit contre ses
voisins, soit contre le Roi même; et, pour

obtenir leur amour, il devoit être bon, vivre au milieu d'eux, et y dépenser ce qu'il en tiroit ; il devoit être juste et vertueux, parce qu'il étoit sous les yeux de tous, et que son intérêt étoit de donner un bon exemple à suivre.

L'anarchie se trouvoit dans l'ensemble du gouvernement ; mais elle n'étoit pas dans le gouvernement particulier de chaque province. Il y avoit des abus sans doute, et les souverains faisoient la guerre, mais les Rois l'avoient faite auparavant, et d'une manière bien plus désastreuse ; et quand ce régime fut établi, ils ne la firent plus à volonté, puisqu'il leur falloit le secours des grands, qui souvent le refusoient.

Le principal avantage que nous ayons à signaler, est l'affranchissement des hommes et de la propriété.

Les duchés et comtés furent légalement donnés, et les divisions et sous-divisions ont tout légitimé, puisque les biens sont descendus à ceux qui devoient les avoir. On ne peut nier que les ducs et comtes, après eux les vicomtes et barons, puis les autres seigneurs et propriétaires, aient eu les droits de concéder et de mettre à leurs concessions le prix et les charges qu'ils vouloient, c'étoit aux acquéreurs à les débattre.

Les concessions étant nécessaires par la nature des choses, on ne doit pas dire qu'elles proviennent du régime féodal, mais bien de la propriété qui fut assurée par la fixité de ce régime qui, dans chaque province, mettant un grand personnage, l'autorisoit à faire tout ce que le Roi auroit été obligé de faire lui-même, et moins bien en général que chaque grand vassal en particulier.

Il est impossible de bien dire le prix et les charges des concessions primitives ; aucune ne peut être produite : elles ont été dévorées par la rouille des siècles.

Des redevances annuelles durent être établies, parce que celui qui donnoit son bien devoit conserver les moyens de vivre et de satisfaire aux charges et aux usages de ces temps. Quand les concessions se firent à temps ou à vie, il put y avoir des pots-de-vin ou deniers d'entrée ; et quand elles se firent à toujours, il fallut, outre les redevances annuelles, donner des indemnités au concédant pour la perte du droit de reprendre sa propriété.

Le droit connu sous le nom de profit de rachat fut sans doute l'indemnité accordée au seigneur, lorsque, le fief passant du possesseur à ses héritiers, il perdit le droit d'en disposer. Ce droit se paya d'abord en toute succession, mais l'usage vint de ne le payer qu'en collatérale.

Les fiefs purent être transportés aux étrangers ; et, de là, naquirent les droits de lods et ventes, quint et requint.

Ainsi, à mesure que la propriété se consolidoit dans toutes les mains, naissoit en même temps un droit au profit de celui qui s'en étoit originairement démis. Rien de plus juste : c'étoit le prix de la chose. Ces droits se reconnurent par des actes d'hommages, de ports de foi, d'aveux, peu importe le nom, c'étoit toujours des reconnoissances; et il falloit bien reconnoître ce qui étoit dû. Outre ces droits, véritables prix des biens donnés, on en vit paroître une infinité d'autres, dont plusieurs pesoient sur les personnes mêmes; mais ceux-là n'ont pas d'origine assez connue, et sans doute beaucoup n'en eurent d'autre que la protection ou la permission accordée par les seigneurs d'habiter dans leurs seigneuries.

Les lois civiles, sous les deux premières races, ne parlent point des fiefs ni des fises; ils n'étoient point héréditaires; ils ne pouvoient être régis que par la loi politique, étant toujours sous la main du Roi et de la nation. Mais quand ces biens devinrent héréditaires, les lois civiles s'en emparèrent pour en régler la transmission par succession ou par ventes avec les charges, préférences et exclusions qui sembloient naître ou de l'origine de ces biens, u du service militaire auquel ils étoient anciennement assujettis. De là les droits d'aînesse, l'exclusion des femmes, et cette multitude de droits et devoirs à acquitter. Remarquons que, dans ces lois, voisines des concessions, on voit presque toujours les charges décrites avant le réglement de la transmission, tant on étoit religieux à s'acquitter des charges sous lesquelles on avoit eu les biens. Il étoit naturel de régler d'abord es droits dont ils étoient grevés, parce qu'ils formoient le prix d'aliénation, et que les propriétés ne sont bien acquises que quand ellessont bien payées.

Ce que les lois et coutumes de France ont dit sur ces biens, leurs droits et leurs charges, n'a pas été inventé : c'étoit le récit de ce qui se passoit, et le résultat de ce qui avoit été fait et convenu. Dans ces siècles reculés, on n'écrivoit pas exactement, et beaucoup de monumens et titres étoient déjà perdus. La tradition, la notoriété publique suppléoient les titres, et on ne disposa en forme de loi, qu'à défaut de titres, et tout exprès pour les suppléer : car s'ils eussent existé, ils auroient fait la loi de chacun, et il n'auroit pas fallu de lois générales. Ces lois et coutumes ne se firent donc qu'à cause des titres péris, et qui devoient périr ; et comme elles devoient disposer généralement, il y a lieu de croire qu'elles disposèrent plus ou moins que les titres, par une sorte de composition nécessaire pour établir l'uniformité autant que les circonstances, les intérêts et les lieux pouvoient le permettre. Tout ce qui a été ainsi réglé étoit donc aussi sacré que les titres mêmes. Dans tous les siècles et chez tous les peuples, celui dont tous les droits étoient fixés par les lois, s'en croyoit bien assuré.

Ces droits sont venus à la suite du régime féodal ; mais un autre ordre les eût produits ou en eût établi d'autres, pour prix des propriétés dont la nécessité a toujours commandé la distribution. On sent très-bien que ni les Rois ni la nation n'auroient donné pour rien des biens dont les produits formoient leur revenu et leur unique ressource, puisqu'alors il n'y avoit aucun impôt. On ne peut trop admirer la sagesse qui fit aliéner les biens avec des redevances perpétuelles et casuelles, car si on les eût vendus pour des prix payés, ils se seroient trouvés consommés, tandis que les redevances présentoient une ressource permanente et progressive qui offroit toujours les moyens de satisfaire aux besoins, et dispensoient les souverains de recourir à des impôts sur tous les hommes et sur tous les biens, en écrasant les sujets qui n'auroient point obtenu de concession. Cet établissement des charges fixes et droits casuels étoit la suite et la conséquence naturelle du système et des principes constitutifs du gouvernement.

Ces droits doivent donc être uniquement considérés comme prix des biens, quels que soient les titres et noms qu'on leur ait donnés; et si on pouvoit les regarder comme tenant au régime féodal, il faudroit aussi les voir comme créés en opposition à la puissance royale, en maintenant et consolidant, par l'intérêt de tous les détenteurs, ce régime contre lequel l'autorité royale a déployé tous ses efforts et développé tous les ressorts de sa politique aussitôt que les successeurs d'Hugues Capet ont eu le force d'attaquer. L'histoire nous en fournit bien des exemples.

Peut-être les croisades ne furent-elles entreprises que pour éloigner les grands vassaux, les détruire, et opérer leur ruine par les emprunts et la vente de leurs biens.

Louis-le-Gros envoya ses *missi dominici*, qui réprimèrent les ducs et comtes, et renvoyèrent beaucoup d'affaires de leurs cours aux grandes assises du Roi, qui étoient le parlement appelé dans les capitulaires de Charlemagne *Mallum imperatoris*. De là naquirent les cas royaux, les grands baillis, et l'appel des juges seigneuriaux aux juges royaux.

Sous le même prince, on vit l'affranchissement des serfs et l'établissement des communes, qui amenèrent un tiers-ordre, lequel eut entrée aux états-généraux sous Philippe-le-Bel, en 1303, avec les évêques et les grands, dont il partagea la puissance.

Philippe - Auguste créa les maréchaux de France, leva des troupes à sa solde, et se forma une garde de sergens d'armes.

Saint Louis, avant de s'embarquer pour la cinquième croisade, voulut franchir l'intermédiaire que les ducs et comtes formoient entre lui et les hauts barons, et pour cela il les appelle au serment direct; mais ils le refusèrent, comme n'étant pas sous lui, préférant de rester sous les ducs et comtes. Ce roi établit des impôts, sous le titre de *taille*, que le peuple payoit pour se délivrer des gens de guerre.

Philippe - le - Hardi inventa l'anoblissement en 1270, pour se faire des créatures opposées aux grands vassaux, qui, pourtant, se maintinrent dans leurs dignités, et formèrent ce que l'on appela *la noblesse d'extraction*, qui s'étendit à tous les possesseurs de fiefs, même aux hommes libres qui les acquéroient, et ensuite à tous ceux qui faisoient uniquement la profession des armes : ce qui produisit ces familles de gentilshommes de nom et d'armes, qui n'avoient aucun titre primitif de noblesse. Cet abus fut réformé par Henri III, dans son ordonnance de Blois, et par Henri IV, dans son édit de 1600 sur les tailles. Ces deux lois disposèrent que l'acquisition des fiefs et le service militaire n'anobliroient plus.

Philippe-le-Bel, en déclarant le parlement sédentaire, en 1308, se fit un point d'union ; et, pour affoiblir l'autorité des grands, Philippe de Valois y incorpora les conseillers-jugeurs et rapporteurs. François Ier créa des charges de conseillers au parlement, et ordonna que les appels des pairies seroient portés au parlement du ressort. Il appela les grands à sa cour.

Charles VII, en réformant la gendarmerie, composée des vassaux et de leurs fidèles, qui s'anoblissoient eux-mêmes, la réduisit à quinze compagnies d'ordonnance, composées de cent hommes d'armes, dont chacun devoit servir avec six chevaux. Il fit la même chose pour l'infanterie, sous le titre de *Francs Archers*, exempts de tous subsides, et y joignit dix mille hommes d'autre infanterie, que Louis XI remplaça par des Suisses à sa solde.

Charles VIII vit la monnoie porter son buste, et

et mit des Lansquenets ou Allemands dans ses troupes.

Henri III donna aux princes du sang la préséance sur les pairs, à qui François Ier avoit permis d'entrer au parlement l'épée au côté, pour les éloigner des idées judiciaires.

Après de si fortes atteintes portées au régime féodal par la politique et la force des Rois, il falloit le détruire entièrement dans l'intérêt de la puissance royale, qui s'étoit ainsi procuré les moyens de le faire. Pour cela, on imagina de réunir les grands fiefs à la couronne, par des guerres, des confiscations, des échanges, des acquisitions, par des mariages et des successions. Tous les moyens furent employés; nous en avons deux exemples, l'un pour la Bretagne, qui fut réunie par le mariage forcé de la princesse Anne avec Charles VIII; l'autre pour les provinces du prince et connétable de Bourbon, qui furent réunies par les artifices de la duchesse d'Angoulême, mère de François Ier.

Le régime féodal fut donc anéanti plusieurs siècles avant la révolution. Dès lors, les Rois furent souverains sans intermédiaires; ils commandèrent directement dans tout leur royaume; le service militaire ne se faisoit plus ni par degré ni par échelons; la justice se rendit en leur nom; et tous les hommes, comme tous les pays, furent sous leur puissance immédiate.

La royauté absorba donc le régime féodal; et, pour en empêcher le retour par de nouvelles

(37)

désunions, les domaines de la couronne furent
déclarés inaliénables par diverses ordonnances.
Le principe en avoit été posé dès l'an 1281,
dans une assemblée solennelle de princes chré-
tiens tenue à Montpellier, et dans une ordonnance de Philippe de Valois, de l'an 1350.

Par l'anéantissement du régime féodal, les
provinces perdirent leurs principaux établissemens; elles furent abandonnées par les grands,
qui cherchèrent à la cour du Roi les honneurs
dont ils jouissoient chez eux, et qu'ils n'obtinrent
à cette cour qu'après ceux qu'ils y trouvèrent, et
alors l'intrigue et les haines se développèrent.
Les hommes à talens suivirent les grands à la
cour. Dès ce moment Paris fut le point central,
devint le séjour des richesses, des arts et des
sciences, des vertus et des vices. Cette capitale
prit un grand accroissement. Elle finit par donner
le ton à toute la France, et lui imprima ce ter-
rible mouvement révolutionnaire qui d'abord a
détruit l'autorité royale, et par suite a failli
engloutir la France elle-même.

Dans cette révolution on voulut tout juger,
tout changer, sans se donner la peine d'étudier
les causes et les effets. Voyant dans des droits
appelés *seigneuriaux* le régime féodal, qui n'existoit plus depuis des siècles, et regardant ce régime
comme complice de la royauté qui l'avoit détruit,
on en fit un fantôme pour avoir le plaisir de le
combattre, et l'erreur a conduit à supprimer

des droits qui n'étoient autre chose que le prix des propriétés légitimement aliénées.

Nos idées trouveront sans doute des contradicteurs, parce qu'elles paroîtront nouvelles à plusieurs. Fontenelle a dit qu'une idée nouvelle est un coin que l'on ne peut faire entrer par le gros bout. Nous avons fait notre possible pour faire sentir ce que nous croyons vrai, et nous souhaitons que des hommes plus habiles le mettent en évidence; mais nous allons faire un dernier effort pour donner quelques lumières.

Examen des Lois nouvelles sur la Féodalité.

En réunissant les grands fiefs, les Rois les prirent tels qu'ils les trouvèrent, sans déranger les concessions, et en maintenant tous les droits tels que les coutumes les consacroient. Ils ne pouvoient rien changer à ce qui étoit établi depuis si long-temps, surtout lorsqu'ils ne révoquoient pas les concessions des fiscs, et qu'ils prenoient par droit de conquête ou confiscation sur les grands vassaux, par échanges, acquisitions, donations ou successions. S'ils n'eussent pas trouvé les choses en cet état, ils auroient dû les y mettre par les mêmes causes qui avoient nécessité les premières aliénations.

Les propriétés restèrent grevées envers des créanciers appelés seigneurs, mais qui avoient perdu la véritable seigneurie en perdant la souveraineté. On ne pouvoit donc voir dans les redevances et droits appelés seigneuriaux que le prix des concessions.

Tous ces droits remontoient jusqu'au Roi, et faisoient pour l'Etat un immense produit qui rendoit plus que les fiscs n'auroient donné, s'ils fussent restés sous la main du Roi ; et en les maintenant comme le commandoient la justice, l'intérêt général et la bonne politique, on invitoit les seigneurs à de nouvelles concessions qui restoient à faire, et qui ont été faites depuis en achevant la division des grandes masses et la civilisation de la France.

On les appela féodaux et censuels, et en général, droits seigneuriaux ; mais c'étoit improprement qu'on les appeloit droits féodaux, parce qu'encore bien qu'ils fussent venus à la suite du régime féodal, ils n'avoient d'autre cause que la concession des fonds devenus propriétés fixes.

Une grande révolution, une politique nouvelle pouvoit, sans doute, changer la face de beaucoup de choses ; mais, sans tout détruire, sans tout remettre dans le chaos, on ne pouvoit attaquer les propriétés, et il falloit sentir que les fiscs étant dans l'origine destinés à fournir aux besoins de l'Etat, les droits établis sur leurs parties divisées devoient fournir aux mêmes besoins, et qu'en abolissant tous ces droits, on tomboit dans le grand inconvénient d'accabler toute la France d'impôts, pour remplacer les droits dus par les propriétaires des biens que l'on affranchissoit gratuitement au préjudice de tous.

Tout ce qui étoit corvée, servitude person-
nelle pouvoit disparoître; la liberté et la loi politique devoient fo er a loi civile.

Tout ce qui tenoit à la foi et à l'hommage
pouvoit être supprimé sans inconvénient, cela
ne signifioit plus rien, et rappeloit un ordre de
choses aboli de fait et de droit depuis plusieurs
siècles.

Les justices seigneuriales n'étoient plus qu'un
hochet; les seigneurs ne pouvoient les exercer
par eux-mêmes, et leurs juges devoient se con-
former à la loi générale.

Les droits honorifiques n'avoient plus rien
de réel.

Les titres de ducs, comtes, marquis, vicomtes
et barons n'étoient pas ceux d'autrefois; ils
avoient été créés par actes des Rois, et ceux qui
les portoient ne ressembloient pas aux anciens.
Les Rois qui avoient mis tant de soin à détruire
le régime féodal, n'avoient donné que des titres
honorables sans conséquences. Ces titres et les
décorations, ainsi que la noblesse, étoient pourtant nécessaires dans une monarchie pour rehaus-
ser la splendeur et l'éclat de la couronne.

L'assemblée constituante avoit supprimé tout
cela, en conservant tous les droits réels, et les
déclarant redevances foncières rachetables.

Les lois portées contre les droits seigneuriaux
l'ont toutes été en haine du régime féodal, exhu-
mé, et dans la seule vue de réprimer les abus et
usurpations de la puissance féodale. Il ne falloit

donc atteindre que les abus vrais ou présumés, et il étoit bien facile de distinguer.

Les grands vassaux tenoient en fief du Roi; mais ils ne furent ses vassaux que parce qu'ils devinrent propriétaires des fiscs; eux-mêmes donnèrent des fiscs qui devinrent leurs fiefs comme propriétés de leurs concessionnaires qui firent de même.

En cela, la puissance féodale n'agissoit pas, puisqu'on ne disposoit qu'en force du droit de propriété. Des châteaux et des forts furent bâtis, mais ce n'étoit pas contre les habitans, dont les grands ne pouvoient rien craindre, puisqu'ils leur donnoient des biens; ce fut pour protéger la contrée contre les attaques de voisins jaloux et ambitieux, et principalement contre celles que les vassaux avoient toujours à craindre des Rois. Les châteaux et les forts étoient donc, dans l'origine, des moyens de garantie et de protection pour tous les habitans que l'on eût dépouillés en dépouillant les grands.

Tout fut originairement donné en fief, sauf les aleux que les propriétaires voulurent faire fiefs en les mettant sous la protection d'un homme puissant; mais si ceux-là ne devinrent pas vassaux par concession libérale, ils le devinrent librement pour prix de l'avantage qu'ils trouvoient. Il reste donc vrai que toutes les charges des biens en fief étoient le prix d'une concession quelconque.

Les établissemens de saint Louis, nos anciens

monumens, nos coutumes anciennes et réformées nous présentent des fiefs. Les censives vinrent après, et ne furent imaginées que pour déjouer les fiefs. Il y a donc une différence bien considérable entre les censives et les fiefs, et on ne peut trop s'étonner de la confusion que l'on en a faite pour les frapper en même temps, quand la suppression des fiefs devoit faire proclamer la conservation des censives inventées contre les fiefs.

Il y avoit des fiefs dominans ou actifs, des fiefs servans ou passifs.

Le fief dominant étoit celui dont d'autres relevoient avec charge de foi, hommages, profits de rachat, quint et requint. Le fief servant ou passif étoit celui dont rien ne relevoit, qui n'avoit rien à prendre ni à exercer sur d'autres biens, et qui, au contraire, étoit grevé de droits envers le fief dominant.

Il s'étoit formé une sorte d'hiérarchie en fiefs et arrières-fiefs.

Les grands fiefs relevoient du Roi; de ceux-ci les vicomtés, marquisats et baronnies; et de ceux-là tous les autres, même à plusieurs degrés. Il y avoit cependant des francs-aleux; plusieurs coutumes consacroient l'allodialité, et dans ces pays la seigneurie devoit se prouver. On voit que les mêmes fiefs étoient la plupart dominans et servans, parce qu'ils servoient et étoient servis. Ces échelons des fiefs n'empêchent pas de n'en faire que de deux sortes; fiefs dominans et fiefs ser-

vans, tous avec une terre ou la glèbe qui en formoit le chef-lieu, et la consistance matérielle,
sauf quelques petits fiefs en l'air, ainsi appelés,
parce que tous leurs biens avoient été aliénés.

S'il y avoit eu envahissement, il ne pouvoit
s'être commis que par le fief dominant; le fief
servant n'avoit pu que souffrir l'abus et l'envahissement, puisqu'il étoit purement passif.

Pour affranchir, il ne falloit que supprimer la
dominance des fiefs, et alors toute la glèbe, com-
posant uniquement les fiefs servans, se trouvoit
dégrevée. On ne pouvoit atteindre les fiefs servans, puisque, souffrant tout et n'exigeant rien,
il n'y avoit rien à leur enlever; cependant on en
a atteint sans y penser, en supprimant les censives.

Déjà l'inconvénient des fiefs servans s'étoit fait
sentir, parce qu'ils étoient à charge et point à
profit; qu'il en falloit payer les droits aux mutations, et qu'on les vendoit moins cher. Pour se
soustraire, on imagina le jeu de fief, et cette
invention remonte à plusieurs siècles, car nos
coutumes anciennes parlent des censives après
les fiefs.

Le jeu de fief s'opéroit en aliénant le fief servant matériel, c'est-à-dire la glèbe, en se réser-
vant, par le vendeur, un signe du domaine que
les coutumes appellent le *dominium civile* de
l'héritage, et ce signe consistoit, soit dans la
création d'un cens annuel, soit dans une simple
fiction par la rétention de foi. Ce signe faisoit que
le vendeur étoit, à l'égard du fief dominant,

réputé propriétaire de l'héritage qu'il avoit vendu, et il restoit chargé de tous les droits et devoirs envers le seigneur dominant, sans que l'acheteur, vrai propriétaire, fût tenu à aucun droit ni devoir féodal; en sorte que cet acheteur, preneur à cens ou rente, avec rétention de foi, possédoit l'héritage, fief servant, comme bien libre et roturier, dégagé de tous droits de fiefs.

De cette manière, le possesseur du fief servant, le vendoit sans donner lieu à aucun profit envers le fief dominant; l'acquéreur le prenoit franc des droits féodaux qui restoient à la charge du vendeur; et quand celui-ci mouroit, il étoit dû au fief dominant profit de rachat pour le fief servant qu'il n'avoit plus; et quand il vendoit son cens, sa rente ou sa rétention de foi appelée *dominium civile*, il étoit dû profit de quint de la valeur du fief servant; ces profits se payoient, non par le preneur, vrai propriétaire, mais par le vendeur, propriétaire fictif.

Le moyen d'opérer le jeu de fief, étoit un acte appelé *bail à cens* ou *rente*.

Le fief servant étant joué au préjudice du dominant, les propriétaires des fiefs dominans, ne percevant plus de profits que très-rarement, préférèrent des arrangemens sous le titre d'inféodation, en approuvant la vente des héritages-fiefs servans, sur lesquels ils ne percevroient plus aucun profit directement, à raison de la glèbe désormais hors de la ligne des fiefs, mais seulement sur le *dominium civile* resté au vendeur ou

(45)

bailleur, lequel consistoit dans le cens et rétention de foi, avec profit censuel, que les coutumes
appelèrent les *censives*. Alors les bailleurs de fiefs
servans, portoient la foi et payoient les profits
seulement pour les censives quand il y avoit lieu,
et ainsi les héritages, fiefs servans, furent affranchis de tout service et de tous droits féodaux.

Les censives se trouvant en cet état lors des
coutumes, elles les réglèrent en déterminant leur
fur, l'enclave et les droits qui formoient une sorte
de seigneurie ; mais il faut bien remarquer que
ne provenant que du jeu de fief, par aliénation
de fief servant, elles ne pouvoient être arguées
d'envahissement, et que loin d'être un abus de
la puissance féodale, elles justifioient au contraire
une résistance et une soustraction à cette puissance. Leur suppression est donc une atteinte à
la glèbe même du fief servant, dont l'aliénation
les fit naître, parce qu'elles constituoient une
partie du prix de vente ; mais cette atteinte n'est
point à blâmer sous le rapport du signe seigneurial qui devoit disparoître avec la dominance
contre laquelle il avoit été établi.

Le jeu de fief continua d'être permis après
l'établissement des censives ; mais aucune coutume n'ayant été rédigée depuis, il n'eut d'autre
règle que la convention des parties ; il se faisoit
de la même manière par rétention du *dominium*
civile, consistant dans un cens ou rétention de
foi. Ce jeu de fief moderne mérite une attention
particulière.

Les biens augmentoient, l'impôt du franc-fief fut mis sur les roturiers possesseurs de fief; ceux-ci avoient souvent besoin de s'en défaire; mais les charges nuisoient aux ventes, parce que, outre les profits, les acquéreurs roturiers étoient soumis au franc-fief, et les biens se partageoient avec prérogative d'aînesse ou de masculinité dans leurs successions. Le jeu de fief offroit le moyen de vendre le fief sans aucun de ces inconvéniens et de ces charges.

Il y eut donc une grande quantité de jeux de fiefs par baux à cens et rente; mais les conventions en réglèrent la quotité et les effets : point de fur légal, et point d'enclave, tout étoit spécial et fixé par des actes particuliers, qui n'étoient susceptibles d'aucune extension. Aucune loi n'avoit encore consacré ces actes, ni donné le caractère seigneurial aux redevances sous lesquelles il avoit fallu les faire pour opérer le jeu de fief; et certes, on ne peut voir de seigneurie véritable, là où la loi ne l'établissoit pas, et dans des conventions faites exprès pour déjouer la seigneurie. Le cens étoit pourtant réputé seigneurial, et emportoit profits; la rétention de foi, nécessaire à exprimer dans un bail à rente sans cens, étoit une fiction qui étoit aussi réputée seigneuriale, quoiqu'elle ne produisît aucun profit, même censuel. Mais l'un et l'autre n'étoient réputés tels, que parce qu'ils étoient le signe, le *dominium civile* du fief servant, qui, à cause de sa nature de fief, étoit réputé noble et seigneurial de seigneurie purement passive : or, cette seigneurie, n'emportant rien de seigneurial au profit de l'héritage, n'a jamais pu en imprimer le caractère au signe ou à la fiction qui le représentoit.

Ainsi, dans ce jeu de fief, ancien ou moderne, tout se faisant pour éluder la seigneurie, on ne peut y voir d'effets réellement seigneuriaux.

La création d'un cens emportoit de plein droit la réserve de la foi du *dominium civile*. Souvent on créoit une rente à côté du cens, et comme les coutumes n'admettoient qu'une seule redevance seigneuriale sur le même fonds, le cens étoit seul réputé seigneurial dans toutes les coutumes ; la rente étoit pure foncière et prescriptible.

La création d'une rente n'auroit pas constitué le jeu de fief sans la rétention de foi exprimée ; le fief servant, baillé à rente sans cens, auroit passé fief servant à l'acquéreur. Cette rétention de foi étoit une pure fiction plus favorable encore au preneur, en ce qu'elle ne le grevoit d'aucun profit, même censuel. Cette rente, créée seule avec rétention de foi, devoit rester imprescriptible, non pas comme seigneuriale, mais parce que le jeu de fief devant toujours durer pour l'intérêt du preneur, et être accompagné d'une prestation retenue par le vendeur (le jeu de fief n'étant pas permis indéfiniment), il falloit que cette rente subsistât toujours pour maintenir la perpétuité du jeu de fief.

Il y a cette différence essentielle entre les censives consacrées par les coutumes, et le jeu de fief moderne, que les censives ne produis ient qu'un léger cens avec profits, tandis que le jeu de fief moderne, outre le foible cens représentant le *dominium civile*, offre toujours, ou presque toujours, une forte rente qui fait le véritable prix du fief servant.

De tout cela, il résulte que la seule dominance étoit à supprimer, et en prononçant sa suppression, il falloit par voie de conséquence, supprimer les censives et les cens et profits censuels, parce que le cens n'ayant été inventé que pour déjouer la dominance féodale, on ne devoit pas les maintenir en abolissant la cause qui les avoit fait naître; *cessante causâ cessat effectus.* Il y avoit compensation entre le bénéfice que faisoit le propriétaire de la censive ou du cens, par la suppression du service féodal et des droits dont il étoit chargé, avec la perte qu'il éprouvoit par l'abolition de sa censive, signe représentatif en ses mains, de la vassalité qui disparoissoit; mais pour les rentes créées à côté d'un cens ou d'une rétention de foi, on ne pouvoit pas les supprimer, parce qu'il n'y avoit aucun motif pour cela. Elles étoient indépendantes du cens et de tout signe ou fiction seigneuriale; elles n'étoient que le prix de la glèbe ou du fonds; et comme on ne supprimoit ni la glèbe ni le fonds, et qu'au contraire on l'affranchissoit de tout droit et de toute charge féodale, on ne pouvoit jamais toucher à la rente qui étoit le prix du fonds. Si on avoit eu la pensée d'y toucher, on eut donc voulu punir et dépouiller les bailleurs et créanciers, qui, bien long-temps avant, avoient, autant qu'il étoit en eux, déjoué et aboli cette puissance, cette dominance féodale que l'on supprimoit pour la punir de ses prétendus abus et envahissemens sur les fonds même que ces bailleurs et créanciers avoient cherché à affranchir, et ainsi on auroit disposé contre l'intention qui faisoit agir et suppri-mer.

Des distinctions auroient préservé bien des redevances et droits de la suppression que les circonstances ont fait prononcer. L'assemblée constituante ne les consacra pas positivement, mais sans doute elle les aperçut, car elle respecta beaucoup de droits établis par des titres et par une longue possession. L'assemblée qui la suivit examina moins qu'elle, et fut bien plus loin par son décret des 25 et 28 août 1792. Elle supprima beaucoup, et exigea pour tout le reste des titres constitutifs que la bonne foi attestoit ne pouvoir être produits. On sembla ignorer qu'aucune usur-pation ne pouvoit être reprochée aux seigneurs actuels dont les familles n'avoient pas reçu de fiscs, et qu'ainsi tous les avoient acquis sous la foi des lois et des coutumes, et on ne fit pas cette réflexion que, les redevables détenteurs actuels ayant acquis avec la charge des droits, ces droits faisoient partie de leur prix, et que leurs acquisitions étoient titres primordiaux à leur égard.

Vint enfin le fatal décret du 17 juillet 1793;

cette loi de colère, qui supprima toute espèce de droits réputés seigneuriaux, lors même que le titre primitif étoit produit et prouvoit la légitime concession.

Cette colère, qui violoit les lois et les titres, dépouilloit les uns en libérant les autres, fut celle de l'autorité qui alors absorboit tous les pouvoirs, ayant la plénitude de la puissance politique et civile. Cet abus de pouvoir est irréparable aujourd'hui ; car il est politiquement et civilement impossible de revenir sur la suppression, vu l'état dans lequel les choses sont placées, les mutations innombrables qui ont eu lieu depuis sans charge et sans compte des droits abolis, mais au moins faut-il prendre cette loi telle qu'elle est, et ne pas l'étendre.

Elle est rendue sur le rapport du comité de législation, composé des meilleurs esprits de la convention. Elle porte, article premier :

« Toutes redevances ci-devant seigneuriales, » droits féodaux, censuels, fixes et casuels, » même ceux conservés par le décret du 25 août » dernier, sont supprimés sans indemnité. »

Il faut se rappeler que les bons esprits de la convention, obligés de céder à sa colère, lui cédoient en effet, en posant des principes généraux, mais se sauvoient par des exceptions qui heureusement n'étoient pas toujours senties par la masse de l'assemblée. Voici celle portée en l'article 2 :

« Sont exceptées des dispositions de l'article

« précédent, les rentes ou prestations purement
» foncières, et non féodales. »

En ne disant pas quelles prestations étoient
féodales ou seigneuriales, les décrets se référoient
aux coutumes pour les déterminer; mais remarquons déjà ces expressions *non féodales*, et nous
concevrons de suite que toutes les rentes et prestations qui ne produisoient aucun profit ni droit
casuel, et qui ne donnoient aucune dominance
aux créanciers, sont exceptées de la suppression.

Toutes les rentes créées par mêmes titres qu'un
cens ou autre droit seigneurial, étoient, suivant
les coutumes, *pures foncières*. Elles ne sont donc
pas comprises dans l'article premier; aucun de ses
termes, pris dans son acception ordinaire, ne
peut les désigner. En fait de suppression et d'atteinte à la propriété, il n'y a jamais lieu à extension.

Comme il faut accorder des idées de justice à
ceux qui ont porté cette loi et posé l'exception,
il faut admettre qu'ils se sont arrêtés à la distinction entre le cens, signe seigneurial nécessaire et
indispensable pour opérer le jeu de fief et la rente,
véritable prix du bien indépendant de la nature
féodale qui passoit au cens.

Si l'on veut cependant que ces rentes soient
comprises dans l'article 1ᵉʳ, il faut aussi convenir
qu'elles en sont retirées et exceptées par l'art. 2;
car, par ces termes *sont exceptées des disposi-*
tions de l'article précédent, on ne peut entendre

4.

qu'un retour sur l'article et un retrait de partie de ce qu'il contient.

Ainsi que tous les droits, qualifiés seigneuriaux par les coutumes, soient supprimés, cela est incontestable; mais qu'une rente de 100 fr. ou de cent boisseaux de blé soit supprimée, parce qu'elle est établie par un titre qui crée six deniers de cens, ou un droit seigneurial quelconque, cela n'est pas.

Il y avoit bien d'autres rentes foncières que celles créées avec cens; et la convention ne s'en occupant point, elle n'avoit pas à les excepter d'une suppression qui ne pouvoit les atteindre. Il faut donc qu'elle n'ait considéré dans l'article 2 que les rentes qui, à cause de leur création à côté d'un cens, pouvoient être supposées atteintes, et c'est pour cela qu'elle a consacré l'exception qui, sans ce motif, n'auroit ni sens ni effet. Ainsi la lettre et l'esprit de l'article 2 nous fournissent le raisonnement que nous faisons.

Remarquons encore ces expressions, *purement foncière, set non féodales*, qui terminent l'article : elles ne peuvent s'appliquer qu'aux rentes créées avec des droits féodaux, et qui y tenoient, si l'on veut, comme incluses aux mêmes titres; car si l'on eût voulu parler inutilement dans l'article 2 des rentes foncières qui n'étoient pas comprises dans l'article 1er, on n'eût pas dit *sont exceptées*, on eût dit *ne sont pas comprises dans l'article 1er les rentes et prestations qui ne tiennent point à la féodalité, ou qui ne sont pas créées avec des*

droits seigneuriaux. On auroit fait une explication au lieu d'une exception.

L'article 6 ordonne le brûlement des titres; mais
il doit s'entendre sainement, et concevoir qu'il
ne faut pas brûler le titre d'un droit supprimé et
d'une rente qui ne l'est pas. L'ordre de brûler n'a
pas même été donné, et la convention a réellement rapporté cette disposition.

Un examen quelconque se fit par la convention, et amena un retour sur cette loi désastreuse
portée sans réflexion. Les examinateurs ne se
sont peut-être pas livrés à l'histoire de la véritable
féodalité; mais on voit très-bien qu'ils ont aperçu
et saisi la différence entre ce qui étoit le prix des
biens, et ce qui constituoit des droits appelés
seigneuriaux, abolis, sous quelque domination
qu'ils fussent. La convention qui avoit ainsi supprimé ce qu'elle appeloit la féodalité, décida
clairement, pour tout homme de bon sens, qu'elle
n'avoit attenté ni à la propriété, ni au prix de
la propriété.

D'abord, par son décret du 8 pluviose an II,
elle a statué que les titres, remis pour être brûlés,
resteroient en dépôt jusqu'à ce qu'il en fût autrement ordonné. Ensuite elle dispose que les notaires
qui délivreront des actes relatifs au régime féodal, les purgeront de toutes expressions qui le
rappelleroient : donc il ne falloit pas brûler, mais
purger tous les titres.

Par autre décret du 7 messidor an II, art. 9,
elle ordonne l'anéantissement des titres *purement*

féodaux; et par ces termes elle dit clairement que ceux qui ne sont pas purement, *uniquement*, féodaux, sont conservés; elle proclame la conservation des droits créés à côté de droits féodaux.

Par l'article 11, elle déclare *titres nécessaires* au maintien de la propriété ceux qui regardent des droits *incorporels* non féodaux. N'est-ce pas dire clairement les titres des rentes ou prestations créées avec des droits supprimés? Il n'y avoit pas lieu de parler de titres, d'autres droits incorporels que rien ne pouvoit frapper. Voilà donc encore la maintenue des redevances, créées à côté des cens, proclamée, et la conservation de leurs titres décrétée. Enfin, par l'article 27, elle se réserve d'examiner, après le triage, quels titres il faut brûler. Rien n'a encore été statué sur le brûlement à faire; mais tout est réglé sur les titres à ne pas brûler, et il est décrété que les rentes, créées avec des cens, sont conservées, sans qu'il y ait aucun terme ni motif raisonnable pour les dire supprimées.

On cite deux ordres du jour des 2 octobre 1793 et 7 ventose an II; mais, outre que des ordres du jour ne disent rien, et ne sont que des référés à la loi, ceux-là sont antérieurs aux deux décrets des 8 pluviose et 7 messidor an II; lois *postérieures* rédigées avec méditation et sagesse, et abrogatives de toutes dispositions contraires.

Le gouvernement saisit l'esprit de cette sorte de législation imparfaite; il proclama la conservation des redevances créées en même temps que des droits seigneuriaux, et proposa une loi explicative, qui fut adoptée par le tribunat, et rejetée par le corps-législatif, le 18 ventose an VIII.

Cette matière a été traitée devant plusieurs cours d'appel et la cour de cassation ; ces cours ont rendu des arrêts, par lesquels elles déclaroient rentes foncières et conservées par l'article 2 de la loi du 17 juillet 1793, des rentes et prestations créées par mêmes titres que des cens et droits seigneuriaux. Mais la jurisprudence, qui s'affermissoit, s'est arrêtée tout à coup devant un *avis* du conseil d'Etat du 30 pluviose an XI, *non approuvé ni signé par Sa Majesté :* avis qui roule sur la loi du 17 juillet 1793, et les ordres du jour des 2 octobre 1793, et 7 ventose an II, sans aucune mention des deux lois sages, réformatives ou abrogatives des 8 pluviose et 7 messidor an II, qui, sans doute, avoient échappé à la mémoire.

Au surplus, la loi du 17 juillet 1793 n'ayant supprimé que les rentes seigneuriales, il faut rechercher celles qui le sont. Les lois civiles se sont emparées de tous les biens et droits ; elles en ont déterminé la nature : c'est donc à elles qu'il faut recourir.

Toutes les lois, toutes les coutumes de France ne reconnoissent qu'un *seul* droit seigneurial sur un même héritage ; dès que l'on en trouve un, tous les autres et toutes redevances sont purement fonciers, sans participer ni à la nature ni à l'imprescriptibilité des droits seigneuriaux, lors même qu'on leur en auroit donné le nom ; parce que les hommes ne peuvent, par leurs conventions particulières, imprimer à une chose le caractère que la loi lui refuse.

Un propriétaire a donné cent arpens de terre pour un sol de cens, et cent francs ou cent boisseaux de grain de rente : le cens représente l'héritage fief servant ; il en retient le *dominium civile*, à la charge du vendeur, et non à son profit : la rente est le prix de la chose ; elle est pure foncière. Un autre a donné son fief à rente, avec rétention de foi qui le grève sans lui profiter; la rente n'est pas seigneuriale, parce qu'elle n'opère pour aucun droit casuel, parce que le débiteur de la rente ne doit qu'elle pour toute charge. Il ne faut pas confondre ces rentes avec le cens, et encore moins avec les censives réglées que la loi supprime à cause de leur activité, quoique dénotant une soustraction à la mouvance féodale.

Si ces sortes de rentes étoient supprimées, ce ne seroient ni les mouvances féodales, ni les droits seigneuriaux que l'on auroit abolis; on auroit proclamé l'abolition des dettes. Dans aucun pays on ne prononça l'abolition des dettes; à Athènes et à Rome, on en fit remise aux débiteurs insolvables pour apaiser des séditions et punir la cruauté des créanciers; en France, personne ne réclamoit l'abolition des dettes les plus sacrées, de celles qui faisoient le prix des biens acquis par des familles enrichies par l'augmentation progressive des propriétés, sans augmenter les rentes dues aux créan-

ciers. Ces créanciers n'étoient, en général, ni
nobles, ni seigneurs, ni riches; ils avoient donné
à rente des biens qu'ils vouloient soustraire à la
domination féodale; et pour avoir fait eux-mêmes
ce que la puissance législative a fait dans la révolution, cette puissance, qui a dégrevé tous les
fiefs servans, les priveroit du prix des leurs, dont
jusqu'alors ils ont seuls porté les charges, et en
faisant remise aux débiteurs, qui ne s'y sont
jamais attendus. Cela est impossible à concevoir;
on ne peut donc l'admettre.

Pour les cens et droits appelés seigneuriaux,
point d'examen : tout retour est impossible; et
sans dire que leur suppression fut juste, on peut
assurer que l'état des choses, les mutations in-
finies, l'assiette de l'impôt, tout enfin l'a consacré;
mais les rentes, les prix de biens n'ont jamais été
frappés ; et ceux-là même qui en refusent le
paiement, ne s'en croient ni libérés ni dispensés.

Néanmoins l'erreur des uns et la mauvaise foi
des autres semblent provoquer une déclaration
positive pour mettre fin aux débats et aux procès
qui en sont la suite.

NOUVELLES PREUVES

DE

LA NON-SUPPRESSION DES RENTES.

CRÉÉES AVEC CENS OU DROIT SEIGNEURIAL,

PAR LA DISCUSSION APPROFONDIE DES AVIS DU CONSEIL-D'ÉTAT,
DES DÉCRETS IMPÉRIAUX ET DES ARRÊTS.

———

En rédigeant cet écrit, je ne me suis proposé que de proclamer cette vérité : « Les rentes fon- » cières créées par même titre qu'un cens ou » autre droit seigneurial, ne sont pas suppri- » mées ; » et j'ai cru l'avoir mise en évidence, par l'examen de toutes les lois portées depuis vingt-cinq ans.

J'étois tellement convaincu de cette vérité, que je n'hésitois pas à la proposer, même sous l'ancien gouvernement, dont les principaux agens s'obstinoient à la méconnoître. Aujourd'hui je vais prouver, les lois à la main, que tous les avis et décrets impériaux donnés sur cette matière sont sans vérité, sans force et sans influence.

Je ne puis trop m'étonner d'entendre proposer le rétablissement de ces rentes, parce que cette

demande emporte la concession d'une suppression qui ne fut jamais prononcée légalement.
Sans doute la justice commanderoit le rétablissement de ces rentes, si elles avoient été frappées
par une loi, parce qu'il seroit impossible de
maintenir l'iniquité légale qui auroit supprimé
la dette du prix des biens ; mais il faudroit une
loi, et il n'en faut pas pour dissiper l'erreur, il
suffit de dire la vérité.

Les deux lois à voir sont celles des 25 , 28
août 1792, et 17 juillet 1793 ; la première main-
tient tous les droits seigneuriaux prouvés par
titres de concession primitive, la seconde les
supprime. L'iniquité est assez grande, sans
l'augmenter par un amalgame des rentes foncières, que sa lettre et son esprit repoussent, en
les exceptant formellement. Voici les termes :

Article 1er. « Toutes redevances ci-devant
» seigneuriales, droits féodaux, censuels, fixes
» et casuels, même ceux conservés par décret
» du 25 août dernier, sont supprimés sans in-
» demnité. »

Il est évident que ce texte ne comprend que
les redevances et droits seigneuriaux. Il l'est également qu'en ne les définissant pas, cette loi s'en
tient aux définitions des coutumes qui assignoient
très-bien la nature seigneuriale ou pure foncière,
à tous les droits et redevances dont les biens
étoient grevés.

Pour connoître quelles redevances sont
seigneuriales ou pures foncières, il faut donc

consulter les coutumes qui les expliquent, et non la loi qui n'explique pas.

Ouvrons toutes les coutumes de France, et nous verrons qu'elles n'admettent qu'un seul droit seigneurial sur un même fonds, et que là où il y a un cens, ce droit *seul* est seigneurial, toutes autres redevances sont *pures foncières*, lors même qu'elles seroient qualifiées seigneuriales. Les auteurs les plus respectables, Dumoulin, Pocquet de Livonnière, Pothier, Henrion de Pansey, développent cette vérité. Voici comme s'explique Livonnière, pag. 534 et 535 de son *Traité des Fiefs* :

« Le cens est ordinairement une menue rede-
» vance qui peut être jointe à une grosse rente ;
» par exemple, s'il est dû un sol de sens et un
» septier de blé de rente ; en ce cas on distingue,
» et quoique l'un et l'autre soient reconnus par
» même déclaration, on juge que le cens est
» imprescriptible, mais que la rente se peut
» prescrire.

» Cette distinction auroit lieu, *quoique le*
» *cens et la rente fussent établis en même temps*
» *par le premier acte de concession ou d'accen-*
» *sement*, parce que le cens et la rente sont de
» nature différente, et que la rente n'a pas même
» privilége que le cens. Cela peut être appuyé
» de la doctrine de Dumoulin sur l'art. 73 de
» la coutume de Paris, glosse 1re, n° 3, et sui-
» vans ; et principalement n° 10, à quoi la dis-
» position de notre coutume d'Anjou, art. 178,

» et celle du Maine en l'art. 196, se rapportent
» par la distinction que font ces coutumes entre
» le cens et la rente.

» Il en est de même du *surcens et de toute*
» *autre prestation*, ajoutée par le seigneur de
» fief à la première constitution du cens, qui n'a
» pas la même faveur que le cens.

» Suivant la distinction ci-dessus, le cens ne
» se purge point par le décret ; il en est autre-
» ment de la rente ou du surcens, jugé pour
» le surcens par arrêt du 24 mars 1677. De
» même il est dû amende faute de paiement du
» cens ; il n'en est pas dû faute de paiement de
» la rente.

» Si les titres portent que le sujet doit, par
» exemple, un sol et un septier de blé *de cens*
» *et rente*, en ce cas, on juge que la menue
» prestation doit passer pour le cens, et la grosse
» pour rente ; que par conséquent, dans l'espèce
» proposée, le sol qui est réputé cens est im-
» prescriptible ; mais que le septier de blé, qui
» est la rente, se peut prescrire. Voyez Dumou-
» lin sur ledit art. 73 de la coutume de Paris,
» glose 1re, nos 10 et 15, et l'arrêt de 1677.

» S'il est dit, non pas comme dans l'espèce ci-
» dessus, *de cens et rente*, mais *de cens ou rente*,
» il y a plus de difficulté ; au premier cas, la
» particule *et* est en même temps disjonctive et
» conjonctive, et fait comprendre que de ces
» deux redevances d'un sol et d'un septier de
» blé, l'un est cens, l'autre est rente ; mais la

» particule alternative *ou* semble laisser plus
» d'incertitude dans la qualité de l'une et de
» l'autre redevance.

» Cependant nous estimons, avec Dumoulin,
» à l'endroit ci-dessus, n° 17, que même en ce
» dernier cas la menue prestation passera pour
» cens et la grosse pour rente ; que le cens sera
» imprescriptible, et que la rente se pourra pres-
» crire. »

Voilà des règles à suivre, avec d'autant plus
de raison qu'elles n'ont pas été faites dans l'intérêt des seigneurs, mais, au contraire, en faveur
des débiteurs. Et en y appliquant les termes de
l'art. 1ᵉʳ de la loi du 17 juillet 1793, il est plus
clair que le jour qu'ils ne frappent que la partie
seigneuriale, et point les rentes qui n'ont jamais
eu ce caractère. Mais voici l'art. 2 qui leveroit
tous les doutes, s'il pouvoit y en avoir :

« Sont exceptées des dispositions de l'article
» précédent, les rentes ou prestations purement
» foncières, et non féodales. »

Nous renvoyons à ce que nous avons dit pré-
cédemment sur ces deux articles, et nous deman-
derons s'il est possible de concevoir d'autres
rentes exceptées de la suppression, que celles
foncières créées par mêmes titres que des cens ;
s'il est possible de voir dans cette exception les
autres rentes foncières créées par simples baux
à rente hors du jeu de fief, rentes dont cette loi
n'avoit point à parler, dont elle ne s'est pas du
tout occupée, parce qu'elles étoient sans aucun

rapport, sans aucun contact avec la féodalité;
étant dans la classe ordinaire de tous les autres
biens, sans qu'aucune loi dût en parler, si ce
n'est pour en autoriser le remboursement sur un
taux fixé, comme fit la loi du 18 décembre 1790,
et pour établir la prescription de cinq ans
contre leurs arrérages, comme fit la loi du 20
août 1792, depuis laquelle aucune loi n'a parlé
de ces rentes à prendre sur des biens qui, par leur
nature, ne pouvoient être grevés d'aucun cens.

Le 2 octobre 1793, le comité de législation,
qui avoit proposé la loi du 17 juillet, présenta
une explication qui pouvoit être nécessaire ou
utile pour les rentes cumulées ou entachées de
cens, comme par ces termes : « Deux sols et cent
» boisseaux de blé de *cens et rente, cens ou*
» *rente*, et saisissant la distinction faite par la
» jurisprudence, le comité vouloit la consacrer
» pour éviter les difficultés sur les rentes.

» Un membre présente, au nom du comité de
» législation, un projet *de déclaration* conte-
» nant deux points principaux : le premier, con-
» sistoit à séparer, dans les actes portant con-
» cession primitive de fonds, à titre d'inféodation
» ou d'accensement, ce qui étoit purement fon-
» cier, avec les droits qui, sous le nom de *cens* et
» de *casualité*, rappelleroient le régime tyran-
» nique aboli par la loi du 4 août 1789 ;

» Le second point *de la déclaration* consistoit
» à proroger à six mois le brûlement des titres
» féodaux mixtes.

« Sur ces deux propositions, la convention
» nationale passe à l'ordre du jour, motivé sur
» la loi du 17 juillet, relative aux droits féo-
» daux. »

Cet ordre du jour, se référant à la loi, n'y
ajoute rien ; et observons que le comité de législation, auteur de la loi, n'en proposoit pas une
nouvelle, mais une *simple déclaration* pour
lever les doutes, ce qui justifie bien ce que nous
venons de dire.

La séparation et le sursis au brûlement des
titres, voilà les deux propositions.

Pour la séparation, l'on conçoit qu'elle n'étoit
pas proposée pour les rentes dont les titres la
contenoient, comme, par exemple, dans ceux
constituant deux sols de cens, et deux cents
boisseaux de blé de rente foncière, et dans ceux
laissant la foi à la charge du créancier, pour
l'héritage que le débiteur de la rente possédoit
exempt de toute espèce de droits seigneuriaux ;
elle ne pouvoit être proposée que pour les titres
qui, dans leurs termes, présentoient un cumul
ou mélange, comme deux sols et deux cents
boisseaux de *cens et rente*, *cens ou rente*, dont
la distinction ou séparation n'étoit consacrée que
par les auteurs et la jurisprudence. On ne peut
dire qu'elle ait été rejetée par l'ordre du jour,
se référant à la loi qui l'admettoit virtuellement
et implicitement, lorsque, n'expliquant rien,
elle laissoit les redevances dans l'état et avec la
nature que la législation leur avoit assignés jus-

que là. Il n'y a pas même lieu de l'induire, car les lois des 8 pluviose et 7 messidor suivans, qui autorisent et ordonnent la conservation des titres où il y a cumul, repoussent éminemment l'induction que l'on voudroit tirer du passé à l'ordre du jour sur le sursis au brûlement des titres, objet de la seconde proposition.

Un autre ordre du jour, du 7 ventose an II, motivé sur la loi du 17 juillet et sur l'ordre du jour du 2 octobre, refuse de délibérer sur la question de savoir s'il falloit recevoir, par la régie, une rente de trente-cinq septiers de blé, qualifiée foncière et seigneuriale par un titre qui créoit un cens. Mais qui ne voit de suite que la convention fut effarouchée de la qualification *seigneuriale* donnée à la rente? Cet acte n'est point une loi, puisqu'il refuse d'en faire une, et ses motifs ne sont plus à compter devant le décret *postérieur* du 7 messidor an II, *posteriora prioribus derogant.*

Il n'y a point à s'étonner de quelque contradiction dans ces lois, parce qu'elles émanent de la convention qui souvent en portoit dans des accès de colère. On est trop heureux que des comités réfléchis, comme ceux de salut public, des domaines, d'aliénation, de législation, d'instruction publique et des finances, aient pu, dans des discussions approfondies, et par l'autorité de leur nombre, amener la convention à anéantir quelques actes de fureur, comme ceux réformés

par ces deux lois des 8 pluviose et 7 messidor
an II, ouvrage de six comités composés de cin-
quante à soixante membres.

Il est donc évident, et par la loi du 17
juillet 1793, et par celles des 8 pluviose et 7
messidor an II, que les rentes, créées par mêmes
titres que des cens, ne sont pas supprimées, et
que l'exception ne porte que sur elles, puisque
ces lois n'avoient à parler et ne pouvoient parler
que de cette espèce de rentes. Où puiser maintenant des argumens pour en soutenir la suppression ?

On parle du rejet que fit, au mois de ventose
an VIII, le corps législatif, d'un projet de loi sur ces
rentes. Eh bien, disons d'abord que le rejet
d'un projet de loi n'est point une loi; que ce
rejet n'est pas motivé, puisqu'il n'est que le résultat muet du compte des boules noires déposées
par les votans, sans aucune discussion, et sans
qu'il soit même possible de savoir si c'est à cause
de son principe, ou à cause de ses détails, que
le projet fut rejeté. Ensuite que l'on se rappelle
bien que le conseil-d'Etat et le gouvernement
démontrèrent l'erreur de ceux qui croyoient ces
rentes supprimées; que ses orateurs la procla-
mèrent solennellement dans le sein du corps législatif et du tribunat, et que ce dernier corps vota
l'adoption de la loi proposée. Le discours de
l'orateur est imprimé.

On cite l'avis du conseil-d'Etat, du 30 pluviose

an XI, d'autres avis et des décrets impériaux, des 13 messidor an XIII, 23 avril 1807, 2 février et 15 avril 1809, enfin plusieurs arrêts de cassation qui les ont appliqués; et c'est avec de pareils actes qu'on ose dire ces rentes supprimées! Nous ne croyons pas qu'il soit possible de tomber dans une plus grande erreur. Examinons d'abord ces actes, puis nous en démontrerons l'illégalité; ce que nous ne ferions pas s'ils étoient justes.

L'avis du 30 pluviose an XI, inséré au Bulletin des Lois, n°. 251, ne cite que le décret du 17 juillet 1793, les ordres du jour des 2 octobre 1793, et 7 ventose an II, sans daigner parler des deux lois *postérieures* des 8 pluviose et 7 messidor an II, si mûrement préparées dans les six comités les plus marquans de la convention, et qui rendoient aux décrets antérieurs leur véritable sens. En passant ainsi sous silence deux lois si précieuses, le conseil-d'Etat invoque l'opinion constante du corps législatif, manifestée en l'an V, et en l'an VIII. Mais en l'an VIII, le corps législatif ne parlant pas, ne manifestoit pas d'opinion, et son rejet peut être attribué à la foiblesse ou à l'insuffisance de la loi proposée; et en l'an V, la question ne fut pas agitée, seulement un ou deux orateurs du conseil des cinq-cents parlèrent de ces rentes pour dire qu'elles n'étoient pas supprimées, et déplorèrent l'erreur de ceux qui le croyoient. Si l'on prend cela pour une manifestation, il en faut conclure la non-suppression.

5.

'Après avoir ainsi considéré à sa manière, le conseil-d'Etat « est d'avis que toutes prestations, » de quelque nature qu'elles puissent être, éta- » blies par des titres constitutifs de redevances » seigneuriales et droits féodaux, supprimés par » la loi du 17 juillet 1793, ont été pareillement » supprimées, et que l'on ne pourroit admettre » les demandes en paiement de ces prestations, » sans changer la législation. »

Cet avis n'est ni signé ni approuvé du premier consul : en le lisant, on est de suite convaincu que la loi du 17 juillet 1793 n'a pas supprimé ces rentes, puisque le conseil-d'Etat n'en veut la suppression que dans celle des redevances sei-gneuriales et droits féodaux qui y est exprimée, et il dit que ces rentes sont *pareillement* suppri-mées; donc elles ne le sont pas par la loi, mais seulement par la manière dont il plaît au conseil de l'entendre et de l'interpréter. Comment conce-voir cet avis du conseil-d'Etat à côté de sa déci-sion, à côté du projet de loi proposé par lui-même trois ans avant, en proclamant solennel-lement, à la face de toute la France, l'erreur de ceux qui croyoient à la suppression, et en pro-posant même d'établir ces rentes par la preuve vocale à défaut de titres, chose improposable si elles avoient tenu à la féodalité? *Quantùm mutatus ab illo!*

Jusqu'à ce monstrueux avis, la question de suppression s'agitoit, mais elle se résolvoit négativement, c'est-à-dire en faveur des créanciers : nous pourrions citer beaucoup de jugemens et d'arrêts, il y en a même de la cour de cassation. Les débiteurs venoient reconnoître et payer, lorsque cet avis, aussi inconsidéré qu'illégal, vint arrêter le cours de la justice. Cependant la question s'agite encore, tous les jours les tribunaux retentissent de procès entre les créanciers et les débiteurs, et l'on voit même des débiteurs invoquer l'avis pour attaquer leurs transactions avec leurs créanciers.

Cet avis est le seul acte qui dispose en termes généraux ; plusieurs décrets impériaux sont en harmonie avec lui, mais ils sont spéciaux : ce sont des rescripts particuliers qui ne prononcent que sur les affaires soumises, et point en forme de disposition générale. Inutile de les analyser, et bornons-nous à dire qu'amenés par des rapports du conseil-d'Etat, ils portent son cachet.

Les tribunaux et la cour de cassation ont trop souvent cédé à ces avis et décrets, quand il n'y avoit pas moyen de placer les choses dans une situation telle qu'elle pût les soustraire à leur application. Sans doute ils y cédoient avec beaucoup de répugnance ; mais on est autorisé à croire qu'ils ne cédoient à ces actes, qui, tôt ou tard, devoient rester sans effet, soit par leur injustice évidente, soit par l'affoiblissement ou la destruction du corps qui les produisoit, que pour éviter une loi positive que le conseil-d'Etat eût bientôt provoquée, commandée et obtenue. Une loi oblige les juges tant qu'elle subsiste; elle se rapporte difficilement, et aujourd'hui que les avis et décrets tombent avec le colosse aux pieds d'argile, nous ne pouvons pas blâmer des magistrats qui ont souffert un mal passager pour en éviter un difficile à réparer. Les créanciers même qui ont eu le malheur de perdre leurs procès ne peuvent leur faire de reproches, car ils les auroient plus irrévocablement perdus par l'application d'une mauvaise loi que par l'application d'avis et de décrets aussi déraisonnables qu'illégaux.

Ces avis et décrets avoient une force de circonstance; mais avoient-ils une force légale? Non.

Le gouvernement, et son conseil-d'Etat, n'avoient que la proposition et la rédaction des lois. Il y a je ne sais combien d'actes de constitutions de l'empire, mais aucun ne donne au gouvernement le pouvoir législatif; il est toujours réservé au corps législatif dans l'admission qu'il fait, sans laquelle il n'y a point de loi.

L'interprétation des lois n'appartenoit pas non plus au chef de l'Etat avant la loi du 16 septembre 1807, qui la lui conféra, dans *le seul cas* d'un troisième pourvoi en cassation dans la même affaire et par les mêmes moyens.

On ne refuse pas au gouvernement le droit de

régler ce qui ne l'est pas par la loi, ni le droit de faire des décrets et ordonnances sur la police, la discipline, l'organisation, l'administration, etc.; mais il ne peut rien sur les lois civiles : l'application appartient aux juges, et l'interprétation n'en est admissible que dans les cas déterminés. Or, le sort des rentes étant réglé par des lois civiles, le gouvernement ne pouvoit s'en occuper hors des cas prévus pour l'interprétation.

La première loi créatrice d'un tribunal de cassation est du 27 novembre 1790. Elle attribuoit au corps législatif, après deux cassations, la faculté de faire un décret déclaratoire de la loi qui devoit décider le procès. La constitution de l'an III contenoit la même disposition, avec cette différence que le décret déclaratoire avoit lieu après une première cassation. La loi du 27 ventose an VIII, réorganisatrice du tribunal de cassation, prescrivoit, par son article 78, la réunion de toutes les sections au cas d'un second pourvoi, sans rien attribuer au conseil-d'Etat, ni au chef de l'Etat, au cas d'un troisième pourvoi. C'est ce que disoit l'orateur du gouvernement, en présentant la loi du 16 septembre, en ces termes : « Mais l'article 78 ne dit point ce » que deviendra l'affaire, si la cour de cassa- » tion annulle le second jugement, et que le » troisième soit encore attaqué par les mêmes » moyens que les deux premiers. »

Il étoit donc reconnu , par le gouvernement lui-même , qu'au 16 septembre 1807, il n'avoit, ni le conseil d'Etat, aucun droit d'interprétation des lois , aucun droit d'influencer les tribunaux. Et , par une conséquence incontestable, tout ce qui, dans les avis du conseil d'Etat et dans les décrets du chef, pouvoit se trouver d'interprétation des lois, étoit sans aucune force, sans aucune légalité; et ainsi disparoissoient l'avis du 30 pluviose an XI, et tout ce qui l'avoit suiv i.

Cela résultoit d'abord de la seule proposition de la loi, puisqu'elle n'étoit provoquée que pour donner le droit d'interprétation que l'on n'avoit pas ; cela est avoué par le raisonnement de l'orateur sur l'article 78 de la loi du 27 ventose an VIII. Enfin , cela est solennellement reconnu par ces termes de l'orateur, au 16 septembre 1807. « L'interprétation doit donc être donnée *aujour-* » *d'hui*, par le chef suprême de l'Etat, par Sa » Majesté, séante en son conseil. » La loi intervient, et porte, article premier:

« Il y a lieu à interprétation de la loi, si la » la cour de cassation annulle deux arrêts ou » jugemens en dernier ressort, rendus dans la » même affaire, entre les mêmes parties, et qui » ont été attaqués par les mêmes moyens. »

Article 2. « Cette interprétation est donnée » dans la forme des réglemens d'administration » publique. »

Voilà la première loi qui ait donné au chef

de l'Etat le droit d'interprétation des lois, au cas d'un troisième pourvoi en cassation ; et jamais, dans un autre cas, ni le chef, ni son conseil, ne l'avoient avant. Dès lors, il est évident que tous les avis du conseil-d'Etat, et tous les décrets impériaux, sont nuls quand ils sont interprétatifs avant cette loi, et même après cette loi, hors le cas d'un troisième pourvoi, le seul dans lequel il ait lieu à interprétation.

Si les actes que nous examinons ont eu quelqu'autorité, ce n'étoit pas par une force légale qu'ils n'avoient pas, c'étoit par le despotisme qui les avoit produits. Mais aujourd'hui, que la divine Providence a daigné nous en délivrer pour nous rendre notre gouvernement légitime et paternel, le Monarque si ardemment désiré, si long-temps appelé par nos vœux, les lois reprennent leur empire ; elles seules commandent à la conscience des magistrats. Libres, sans crainte d'une mauvaise loi dont ils étoient menacés, ils rejetteront des actes destructifs des lois sur la matière. Autrement, ils admettroient *que la loi n'est plus dans les lois, mais dans les décrets et les avis du conseil;* ce qui est impossible dans tout Etat qui n'est pas constitué despotique. Répondons à tout et à tous, en disant : Que si l'on n'ose pas présenter ces avis et décrets comme destructifs des lois sur les rentes, on ne peut les offrir que comme interprétatifs ; et que, pour les admettre comme tels, il fau-

droit qu'ils fussent intervenus dans les cas déterminés, ce qui n'est pas.

Lors de l'avis du conseil-d'Etat, du 30 pluviose an XI, lors de tous les décrets impériaux
rendus sur cette matière, il n'y avoit ni troisième
pourvoi, ni deuxième pourvoi, ni aucun pourvoi.
Ils sont donc tous intervenus, sans aucune des
circonstances et hors des cas prévus par les lois ;
ils sont donc tous frappés d'anathème absolu
par les principes, par toutes les lois, et même
par tous les aveux de ceux qui les ont produits.

Il n'est plus permis de parler, dans les tribunaux,
de ces avis et décrets ; il n'est plus permis aux magistrats de s'y arrêter. Pourroit-on, en effet, les
prendre pour lois quand ils détruisent les lois, et
quand ils sont réprouvés pas les lois ? Faudroit-
il les admettre comme raison écrite quand ils
sont démentis par les aveux de leurs propres
auteurs, et qu'ils ne présentent que des motifs
aussi faux que déraisonnables ? Quand l'erreur
et la crainte ont introduit une fausse jurisprudence, il suffit de les dissiper pour la redresser.
Il n'y a pas même de jurisprudence établie : car
il y a contrariété dans les arrêts rendus depuis
dix ans, ne fût-ce que par l'emploi des moyens
consacrés pour échapper à l'application de ces
avis et décrets ; ce n'est pas par des jugemens
de dix ans, fussent-ils uniformes et concordans,
qu'une jurisprudence s'établit ; et, d'ailleurs, la

jurisprudence n'est jamais au-dessus de la loi ; celle-ci doit toujours prévaloir et ramener à elle, quand sa lettre reparoît, et que son esprit se manifeste. Ceux qui l'ont mutilée ou obscurcie n'en avoient pas le pouvoir; *et il n'y a pas de plus grand défaut que le défaut de puissance.* C'est en invoquant ce principe, devenu un adage, que l'on rejette tous les actes faits par les autorités, hors de leur compétence, et que l'on annulle tous les actes faits par les mandataires, hors des termes de leurs mandats, par les maris, pour leurs femmes ; par les tuteurs, pour les mineurs, hors des attributions que la loi leur donne.

Il ne faut ni loi, ni déclaration du Roi pour rejeter des avis et des décrets illégaux. On ne peut plus les invoquer quand leur illégalité est connue. Dira-t-on qu'ils sont insérés au Bulletin des Lois ? Mais, qu'importe la place qu'occupent des actes nuls ; sont-ils lois parce qu'ils sont placés à côté des lois ? dira-t-on encore que le sénat conservateur de la constitution ne les a point annulés comme inconstitutionnels ? Mais, sur le silence du sénat, nous nous en rapportons à ce qu'en sait la France entière, et à ce que le sénat dit lui-même, en prononçant la déchéance de Buonaparte pour violation du pacte constitutionnel, et nous croyons bien que quand il y a punition aussi forte que celle de la déchéance pour cause de violation, les actes qui la constituent restent sans force et sans effets.

Une considération puissante fait cependant désirer une explication du Roi.

Une foule de procès existent entre les créanciers qui réclament, et les débiteurs qui refusent ; il n'y a pas un tribunal en France qui ne soit saisi d'un ou de plusieurs ; il faut les éteindre pour arrêter les souffrances des créanciers, et la ruine des débiteurs, et nous pensons qu'il est de la sagesse et de l'humanité d'un Roi qui sait si bien se faire entendre et admirer, de venir au secours des uns et des autres. Nous ne nous permettrons pas de prendre l'initiative ; mais nous pensons que, le Roi en faisant connoître d'une manière quelconque, soit par l'envoi d'un écrit sur cette matière, soit tout autrement, *que les cours et tribunaux ne sont pas astreints par l'avis du conseil-d'Etat du 30 pluviose an XI, ni par les décrets conformes ou en harmonie*, les juges, retournant librement vers les lois suppressives, verront que les rentes foncières, créées par mêmes titres que des droits censuels ou seigneuriaux, ont été respectées et conservées.

Ce sont les avis et décrets qui ont obscurci les lois ; mais ces avis et décrets ne sont que des actes du gouvernement, qui, souvent, les rapportoit lui-même. Il appartient donc au Roi seul de les faire disparoître ; aucune forme ne lui est prescrite : il ne doit prendre conseil que de sa sagesse et de sa justice pour rendre hommage à la vérité.

Il est urgent de fixer une vérité si importante, parce que la justice la réclame, et que, la justice étant la première dette des rois, ils ne peuvent l'ajourner. Il y a une foule d'hommes, riches autrefois et pauvres aujourd'hui, qui vivroient avec les rentes, prix de leurs biens. Les hôpitaux, l'Eglise et les colléges y trouveroient des dotations, et le trésor royal de grandes ressources qui remplaceroient des impôts. Les rois n'avoient pas besoin de recourir au jeu de fief pour dégager leurs domaines des charges féodales; mais il est certain qu'ils en concédèrent beaucoup par baux à cens et rente, et qu'ils avoient beaucoup de ces rentes foncières. Il est également vrai que les églises et tous les établissemens publics avoient une partie de leurs revenus en rentes foncières créées pour prix de leurs domaines, par titres qui constituoient aussi des droits appelés *seigneuriaux*.

Il y a immensément de ces rentes; nous avons principalement signalé celles créées par le jeu de fief, parce que la plupart des coutumes de France nous les offrent. Il y en a beaucoup d'autres encore qui sont pures foncières, comme celles appelées *fieffe* par la coutume de Normandie, pour distinguer les rentes de bail d'héritages, des rentes volantes ou créées à prix d'argent; comme celles appellées *fresche* par les coutumes d'Anjou, du Maine et de Touraine, pour dire des rentes solidaires entre des détenteurs d'héritages ; comme celles appelées *em-phytéotiques* dans les pays de droit écrit, pour prix d'emphytéoses ou baillées à temps ou à toujours : beaucoup de ces rentes sont fortes, on en voit de cent francs, de cinq cents francs, mille, deux mille francs, soit en argent, soit en grains, parce que souvent on donnoit des fermes entières, dont les prix consistoient en rentes, sans même qu'il fût donné deniers d'entrée ni pots-de-vin par les preneurs. Ces rentes sont constituées par des titres récens et produits; elles sont actuellement et seront toujours remboursables, ce qui exclut toute idée de servitude sur les terres. Elles ne se demanderont qu'aux débiteurs mêmes, car depuis le Code hypothécaire du 11 brumaire an VII, la transcription des ventes en a purgé les hypothèques qui n'auroient pas été inscrites ; ainsi les tiers-détenteurs des biens grévés qui n'en auroient pas été chargés par leurs vendeurs, ne pourroient pas être recherchés par les créanciers qui auroient à s'imputer de ne les avoir pas avertis par des inscriptions régulières, et qui, par cette faute, n'auroient de recours que contre les anciens débiteurs-vendeurs à plus haut prix des biens dont ils n'auroient pas déclaré les charges. C'est ainsi que le veut notre législation actuelle, à la différence de l'édit de 1771, qui n'admettoit pas la purge des rentes foncières.

La promulgation d'une vérité sentie par tout

le monde, et peut-être plus particulièrement encore par tous les débiteurs, dont aucun ne nous a contredit, quoique notre première édition soit épuisée, ne fera naître aucun procès; au contraire, elle éteindra le grand nombre qui existe à présent, et les empêchera pour l'avenir : elle ne fera craindre à personne le retour de ce que l'on appeloit les droits seigneuriaux, puisque les rentes ne se paieront que parce que *elles n'étoient pas seigneuriales.* On saura qu'il est des époques, et même des circonstances où la loi politique doit forcer la loi civile; que l'agriculture et le commerce souffriroient beaucoup aujourd'hui des charges mises aux concessions qui les développèrent il y a huit cents ans; que le progrès des lumières rejette à présent ce qui fut utile alors; que pour les droits seigneuriaux il n'y a pas de temps prouvé faute de titres primitifs, et que l'on ne peut se jeter ni dans le temps fabuleux ni même dans le temps probable. On sait que l'immense majorité des Français s'est vue affranchie avec plaisir et sans inquiétude de conscience, de droits dont on ne pouvoit bien connoître la création; que tous, sans distinction, ont agi dans la plus parfaite sécurité; que les impôts fonciers et d'enregistrement sur toutes les mutations, même par successions en directe, ont été établis en équivalent, et qu'ainsi les prétendus affranchisseurs ont fait succéder les droits fiscaux aux droits

seigneuriaux qui sont retournés au gouvernement comme à leur source première, en lui
donnant un produit supérieur à tous les droits
seigneuriaux, produit que l'on tendoit encore
à augmenter par ce *cadastre* si mal ordonné,
si mal entrepris, et bien autrement redoutable
que les mesurages seigneuriaux, autorisés
par quelques coutumes. Enfin, on saura que,
tout étant établi en conséquence, et même bien
au-delà de la juste proportion, par le dernier
gouvernement, très-habile à forcer toutes les
mesures et toutes les ressources pour satisfaire
un luxe effroyable et des besoins créés par son
intolérable ambition, il ne peut venir, ni dans la
pensée du Roi ni dans celle des grands, de rappeler des causes dont les effets seroient incom-
patibles avec l'Etat d'aujourd'hui.

FIN.

www.ingramcontent.com/pod-product-compliance
Lightning Source LLC
LaVergne TN
LVHW022247030726
842520LV00009B/1058